안 동
문 화
100선
●❶❹

이
원
걸 李源杰

경북 안동 출생으로 성균관대학교 대학원 한문학과에서 한국한문학을 전공하여 문학박사 학위를 받아 안동대학교 국학부 강사를 역임했다. 저서로『안동 여류 한시』(2002),『역주 파수추』(2004),『김종직의 풍교 시문학 연구』(2004),『조선후기 야담의 풍경』(2006),『안동 여인, 한시를 짓다』(2006),『매화나무 가지에 둥근 달이 오르네』(2006),『설죽의 생애와 시』(2014),『조선 3대 기녀 시인 설죽』(2020),『국역 경옥선생유집』(2007),『국역 백운자유고』(2013),『국역 수서선생문집』(2021) 등이 있다.

류
종
승 柳鍾承

1995년 광고사진 전문 스튜디오에서 시작하였다. 2011년 안동청년유도회 회원으로 활동하면서 안동의 역사와 문화에 대해 본격적인 관심을 가지게 되었다. 안동문화100선 시리즈의 사진 작업을 비롯하여 지역과 관련된 사진 작업에 다수 참여하였다.

안동 영호루

이원걸 글
류종승 사진

민속원

안 동
영 호 루
차례

영남 문명의 대동맥 낙동강 · · · · **7**

역사와 문학의 고장 안동 · · · · **17**

영호루 창건 시기 · · · · **21**

공민왕과 영호루 · · · · **25**

영호루 중수 과정 · · · · **27**

영호루의 현재 · · · · **33**

영호루 현판 개요 · · · · **37**

영호루 현판 한시 산책 · · · · **39**

영호루 기문 산책 · · · · **83**

갓 쓰고 양복 걸친 영호루 · · · · **107**

영남 문명의 대동맥 낙동강

낙동강은 강원도 황지에서 발원하여 김해 앞바다에 이르기까지 총 1300여 리나 된다. 이 긴 강은 경상도 전역을 두루 적시며 한국 성리 문화를 만개시킨 영남 문명의 대동맥이다. 황지에서 샘물로 졸졸 흘러나온 낙동강은 태백산 험산준령을 격렬하게 통과하고 청량산에 이르러 숨을 고른 뒤, 유유히 흘러가는 강을 형성한다.

이러한 과정에서 낙동강은 수많은 골짜기와 협을 형성하여 이른바 '구곡원림九曲園林' 형성의 최적지 여건을 갖추었다. 아름다운 도산의 자연경관은 일찍부터 주목을 받아왔다.

> 강촌으로는 영남 예안의 도산과 안동의 하회가 제일이다. 도산은 두 산이 합쳐져서 긴 골짜기를 이루고 산은 크게 높지 않다. 그래서 황지에서 발원한 낙동강은 이곳 도산에 이르러 골짜기를 벗어나 비로소 강이 된다. 밖으로 큰 강이 흐르는데 양쪽 산이 석벽을 이루고 또한 그 산의 아래쪽이 물에 잠겨 경치가 뛰어나다. 물은 나룻배가 건너기에 넉넉하고 마을 안에는 오래된 나무들이 많다.[1]

청량산과 낙동강

청량산 아래로 흐르는 낙동강

도산서원 앞 낙동강 물흐름

이중환은 강촌으로 명품인 예안의 지리적 특성을 자세히 정리했다. 낙동강이 도산에 이르러 강을 이루며 강 양쪽으로 석벽을 이루는 산과 그 산 아래에 펼쳐진 풍광을 기록했다. 낙동강이 태백산을 거쳐 청량산에 이르면 조물주가 빚어낸 천연적 굽이를 돌면서 못[沼]을 만들고, 내[川]와 골짜기[峽]를 형성했다. 강을 이룬 낙천은 청량산을 지나 '고산孤山'·'단사丹沙'·'천사川沙'의 아름다운 물굽이를 연출해 내었다.

이 물줄기는 도산서당 주위에 이르러 동서로 병풍처럼 고운 산을 맞이한다[東翠屏·西翠屏].[2] 병풍 아래 곱게 흐르는 강물은 유리처럼 맑고[琉璃水色], 맑은 강과 어울린 산은 비단 처럼 곱다[錦繡山光].[3] 그래서 퇴계는 영남의 낙동강이 '물 가운데 임금'이라는 격찬을 아끼지 않았으며,[4] 청량산을 찾아가면서 7곡에 이르러 벗 이문량(1498~1581)에게 써준 시에 '그림 속을 거니는 것 같다'며 극찬했다.[5] 이처럼 '청량

---

1 『擇里誌』, "故溪居, 當以嶺南禮安陶山安東河洄爲第一. 陶山則兩山合爲長谷, 而山不甚高, 黃池之水, 至此, 示大到谷口. 外爲大溪而兩山, 足皆有石壁, 據水爲勝, 水足以容艜舳. 洞中古樹甚多."

2 『退溪集』卷3, 「東翠屏山」(簇簇群巒左翠屏, 晴嵐時帶白雲橫, 斯須變化成飛雨, 疑是營丘筆下生)・『退溪集』卷3, 「西翠屏山」(嶷嶷群峯左翠屏, 中藏蘭若下園亭, 高吟坐對眞宜晚, 一任浮雲萬古靑).

3 『廣瀨集』卷1, 「陶山九曲」(1), "錦繡琉璃已炳靈, 山增嶷嶷水增淸, 休云大隱屛相遠, 千載同歸一櫂歌."

4 『退溪集』別集:卷1, 「洛東觀水樓」(乙未夏護送官時), "洛水吾南國, 尊爲衆水君, 樓名知妙悟, 地勢見雄分. 野闊烟凝樹, 江淸雨捲雲. 匆匆催馹騎, 要爲趁公文."

5 『退溪集』(乾), "烟巒簇簇水溶溶, 曙色初分日欲紅, 溪上待君君不至, 擧鞭先入畵圖中."

안동댐 전경

산'과 '낙동강'은 안동의 문인과 학자들에게 '성리 이념을 담은 문학 소재'가 되었으며 '성리 이념 지향의 상징'이었다.[6]

낙동강은 이처럼 성리 철학 사유를 담은 '도산구곡陶山九曲'을 형성하였으며, 안동댐이 건설되기 이전에는 그러한 역사와 문화적 의미가 고스란히 간직되었다. 1970년대에 국가 주도사업으로 안동댐이 건설됨에 따라 도산구곡의

---

6 李源杰,「後溪 李頤淳의 '陶山九曲' 創作 背景」,『嶺南文獻研究』創刊號, 2013.

건너편에서 본 영호루와 영호대교

1곡에서 5곡까지는 안동호에 잠겨 신비스러운 옛날의 흔적을 찾아볼 수 없다.

아주 가뭄이 극심한 해가 되면 안동호 수위가 낮아져 보기 안쓰러운 1곡에서 5곡까지 다섯 구비는 슬픈 흔적만 살짝 보여준다. 안동댐 건설과 수몰 가운데 6곡에서 9곡까지는 그나마 명맥을 유지하고 있다.

영호루 앞과 건너편 보조댐의 낙동강 물은 2018년 국가 시책에 따라 14조 1418억원이 투입되는 '4대강 살리기 프로젝트'에 포함되어 인공적인 물길에 따라 힘없이 흐르고 있다. 굴곡을 이룬 물길을 반듯한 콘크리트로 정비하여 흐르게 하였다. 이 때문에 지형에 따라 굽이굽이 곡선을 따라 유려한 천연적인 물흐름은 중단되었다.

반듯반듯한 시멘트 구조를 따라 흐르는 기형적 물흐름이 되고 말았다. 천연적 늪지대 공간도 새롭게 조경되어 시민들의 운동 공간으로 조성되었다. '버들 섬'은 그나마 옛 모습을 간직하고 있다. 사람들이 접근하지 못하니 물새들의 안식처가 되었다. 새로 만든 넓은 잔디 벌판에는 깊은 산 속에 멋스럽게 살아가야 할 늘씬한 소나무도 이 공간으로 강제 이동되어 겨우 생명을 이어간다.

아무튼 황지에서 발원하여 거침없이 달려온 낙동강은 예전의 멋스러운 흐름을 지속하지 못하고 인공적으로 만든 안동댐에 갇힌 물과 만나 한동안 갇혀 있다가 수자원공사측의 수위 조정에 따라 일부 방류되어 보조댐을 거쳐 안동시를 관류한다. 안동시를 지나면서 영호루 앞으로 흘러간다. 과거의 생태적 물흐름이 아닌 인공적 물흐름으로 흐른다. 고유한 낙동강의 미려한 멋을 잃어버린 채 맥없이 흘러간다.

역사와 문학의 고장 안동

안동은 한국에서도 유교 문화가 가장 잘 보존된 지역이다. 퇴계는 심오한 이기 철학의 탐구와 끊임없는 사색을 통해 한국 유학의 큰 맥을 형성했을 뿐만 아니라 수많은 제자 양성을 통해 영남학파를 형성케 했다. 이에 안동은 진작에 유교적 기풍의 문화가 정착되었다.

아울러 안동은 문학의 고장이기도 하다. 안동의 사대부들은 미려한 산수 자연을 배경으로 하여 미려한 한시를 창작하였다. 공식 통계를 보더라도 안동 지역에서 문집을 남긴 분이 500명을 넘는다. 그리고 벼슬하지 않고 향리에서 학문 연구에 주력한 인물들에 의해 창작된 처사들의 작품도 매우 많다.

안동은 국문학사에서도 그 문학적 전통을 가지고 있다. 퇴계 이전에 역동 우탁의 시조 짓기 전통은 이후 농암 이현보 모친의 「선반가」로 이어진다. 이는 농암 이현보에 의해 「귀전록」·「어부가」 등의 창작으로 이어진다. 퇴계는 「도산십이곡」을 창작하였다.

이는 이후, 농암의 아들이며 퇴계의 문인인 이숙량의 「분천강호가」, 권호문의 「한거십팔곡」, 이시의 「오로가」, 권구의 「병산육곡」 등으로 그 전통이 이

농암 이현보 초상 한국국학진흥원 소장

이육사

어진다. 농암은 영남가단의 창시자로, 이후 송강 정철과 고산 윤선도 등에게 영향을 주어 그들로 하여금 아름다운 국문학 작품을 창작케 추동했다.

그리고 안동은 한국 근대사에서 가장 많은 독립운동가를 배출한 역사의 고장이다. 수많은 독립운동가와 우리 문학사에서 길이 빛나는 민족시인 이육사를 배출한 곳이기도 하다. 이처럼 안동은 빼어난 자연경관과 함께 유구한 역사와 전통, 그리고 문학을 꽃피운 아름다운 고장이다.

영호루 창건 시기

영호루映湖樓는 800년 이상의 유구한 역사를 지니고 있다. 안동시의 남쪽 낙동강가 푸른 숲과 어우러져 멋진 풍광을 선사하고 있다. 영호루는 진주晉州의 '촉석루矗石樓'와 밀양密陽의 '영남루嶺南樓'와 더불어 '영남嶺南 삼대루三大樓'의 하나로 그 명성을 드날리고 있다. 이 세 누대는 영남 고을에서 가장 아름답고 역사와 문화적 의미를 지니고 있다. 그 가운데 안동의 영호루는 전국에서도 가장 으뜸가는 누대로 자부할 수 있다.

이 누대 위쪽으로 남쪽에서 안동으로 오가는 사람들이 통과하는 나무다리가 있고 또 누 뒤쪽으로는 안동 읍성과 안기역으로 가는 길이 나누어져 있었다. 이곳을 지나가는 사람들은 영호루 곁을 통과해야만 했다. 그래서 많은 시인 묵객들이 영호루에 올라 주위 경관을 둘러보며 시를 읊으며 나그네 회포를 달랬다. 이 누대는 시내에서 가깝고 낙동강과 잘 자란 숲이 조화되어 경치가 일품이다. 누대 앞으로는 맑은 낙동강이 잔잔히 흐르고 있다.

안동댐 건설 이전의 낙동강 시절로 돌아가 영호루의 역사를 되짚어본다면 영호루 앞의 맑은 강물은 호수를 이루어 뱃놀이[船遊]하기에 적합했다. 이 때

영호루 전경

영호루에 걸린 시판

문에 영호루 앞의 호수는 옛날부터 안동 고을 주민들과 이곳을 찾는 유람객의 놀이터로 유명했다.

하지만 영호루는 낙동강과 너무 가까이 자리하고 있어서 홍수 때마다 유실과 복원을 거듭했다. 그래서 언제 창건되었으며 몇 번 유실과 복원을 되풀이했는지는 명확히 알 수 없다.

고려 때 김방경 장군이 1274년 일본 원정에서 돌아오는 길에 이 누대에서 시를 지었다는 기록에 근거해볼 때, 고려 중기 이전에 창건된 것으로 보아 영호루의 역사는 800여 년으로 추정된다. 진주의 촉석루가 1241년에 창건되어 1365년에 영남루와 함께 중건된 사실로 미루어 볼 때, 영호루는 1200년 초에는 창건되었을 것으로 추정된다.

공민왕과 영호루

공민왕 친필 '영호루'

　이 누대가 전국적인 명소로 알려지게 된 것은 고려 31대 공민왕 때의 일이다. 1361년 공민왕 10년 10월에 홍건적이 침입하여 개경이 함락되었다. 공민왕은 신하들을 거느리고 남쪽으로 몽진하여 당시 안동인 복주에 당도했다.
　공민왕은 복주 관아를 집무실로 정하고 영호루에 나아가 군사 훈련을 참관하거나 군령도 내렸다. 낙동강가에서 활을 쏘며 착잡한 심회를 달랬다. 이따금 영호루에 올라가 마음을 달래기도 했고 어전회의도 주관했다. 공민왕은 안동으로 몽진했을 때 안동주민들이 자신과 노국공주를 환대해주고 홍건적의 난을 진압하는데 적극적으로 협력해 준 것에 대한 감사의 마음을 잊지 않았다.
　공민왕은 홍건적이 물러가고 환도한 후인 1366년 겨울에 친히 붓을 잡고 판전교시사 권사복을 불러들여 면전에서 '영호루' 석 자를 휘필해 주었다. 공민왕의 친필 '영호루' 편액은 '안동웅부' 편액과 함께 안동의 자랑거리이다. 공민왕 이전에도 명성이 높았던 영호루는 공민왕의 편액 글씨로 인해 한층 더 세인들의 이목을 집중케 되었으며 명승과 명소로 세상에 널리 알려지게 되었다.

영호루 중수 과정

1367년에 안동 판관인 신자전申子展이 영호루의 규모가 작아 공민왕이 내린 현판을 걸기에 맞지 않다고 판단해 영호루의 위치를 낙동강에 근접되게 하고 규모도 확장하여 중수하였다. 이로 보건대 당초 영호루는 건물 규모는 그렇게 크지 않았다고 볼 수 있다.

현재 그 규모는 정면 5칸에 측면 4칸으로 모두 20칸이다. 이는 제법 큰 규모로 촉석루와 영남루의 규모와도 같다. 신자전에 의해 그 위용을 갖춘 영호루는 100여 년의 세월이 지나면서 퇴락되었다.

이후, 1488년에 김질金礩(1433~1493)이 다시 중수하였다. 안타깝게도 그로부터 70년이 지난 1547년의 대홍수로 인해 영호루는 흔적을 남기지 않고 사라져 버렸다. 이 당시 물난리로 공민왕의 친필 현판까지 홍수에 떠내려갔다. 『명종실록』의 기록을 보자.

> 5월에 안동에 큰비가 내려 냇물이 넘쳐서 영호루가 침몰되어 공민왕이 쓴 영호루의 편액이 어디로 갔는지 알 수 없으며, 상주·대구·김해·진주·영산·고령·의흥·의령 등의 고을에도 모두 홍수가 넘쳤다.

영호루의 편액은 괴물 낙동강에 휩쓸려 떠내려가다가 다행히 김해 어귀에서 발견되었다. 그로부터 5년 뒤인 1552년에 안동부사 안한준安漢俊이 영호루를 복원할 때 다시 게판이 되었다.

이후 영호루는 임진왜란에도 수난을 겪었다. 명군이 이 영호루에 여러 해 주둔하면서 난간 등이 허물어지자 이를 가져가 땔감으로 써버렸다. 모두 허물어진 영호루를 보고 안타까워했다. 1602년에 황극중黃克中이 안동부사로 부임하여 다시 이를 중수하였다.[1] 황극중의 이러한 공력에도 아랑곳없이 영호루는 1605년에 두 번째 유실을 맞았다.[2]

이후 영호루는 71년 동안 황량한 폐허만 남은 채 복원되지 못하였다. 망와忘窩 김영조金榮祖(1577~1648)는 폐허가 된 영호루의 모습을 애처롭게 바라보며 다음과 같은 시를 남겼다.

    봄바람에 이끌려 강가에 도착하니
    폐허만 황량하고 누각은 뵈질 않네.
    차가운 앵무섬엔 사초만 새하얗고
    오래된 낙타산엔 석양마저 시름겹네.
    유한한 흥망일랑 더부살이 인생 같고
    끝없는 세상사 강물만 절로 흐르네.
    지난 일 이제사 찾을 길 없으니
    번잡한 이 마음 갈매기에게 묻고싶네.

    東風牽興到江頭　廢址荒涼不見樓
    鸚鵡洲寒莎草白　駱駝山古夕陽愁

1　당시 상황은 이춘영의 「영호루중수기」에 상세히 기록되어 있다.
2　이정회(李庭檜 : 1542~1613)의 『송간일기(松澗日記)』에 당시의 상황을 생생하게 보도하고 있다. "7월 21일 하루종일 구름이 끼다가 비가 오다가 바람이 불었는데, 잠에도 그랬다. 오시에 듣건대 홍수가 나서 영호루 및 동부의 크고 작은 집들이 떠내려갔고, 죽은 사람이 부지기수였다. 여태까지 이와 같은 하늘의 변고는 없었다."

  興亡有限人如寄　宇宙無窮水自流
  往事祇今無處覓　繁華吾欲問沙鷗

 이후, 영호루는 1676년에 안동부사 맹주서孟冑瑞(1622~?)에 의해 다시 예전의 모습을 되찾게 되었다. 그러나 영호루는 중수된 지 99년 만인 1775년에 세 번째 유실을 맞았다.

 그로부터 13년 뒤인 1788년에 안동부사 신익빈申益彬(1740~?)이 복원하였다. 그러나 영호루는 신익빈의 공로에도 불구하고 중수한 지 4년 만인 1792년에 또다시 탁류에 휩쓸려 본래의 모습을 잃었다. 그러다가 4년 뒤인 1796년에 안동부사 이집두李集斗(1744~1820)에 의해 복원되었다.

 이후에도 계속하여 여러 번 홍수가 있었다. 하지만 누대의 유실은 없었고 중수만 거듭되었다. 1820년에 안동부사 김학순金學淳(1767~1845)은 누대를 중수하고 자신이 쓴 '낙동상류영좌명루'란 초대형 게판을 누대의 한쪽 면이 꽉

유허비

1914년 서악사에서 본 영호루 국립중앙박물관 제공

1956년경 영호루 경북기록문화연구원 제공

차게 걸었다. 이 현판은 영호루 회랑을 다 차지할 정도로 매우 큰 현판으로, 지금까지 영호루의 위상을 자랑하듯 당당하게 걸려 있다.

그러나 100여 년을 안동과 함께 숨 쉬던 영호루는 1934년 7월의 대홍수로 완전히 유실되고 말았다. 1934년 7월에 안동 시내 전체가 물에 잠기는 대홍수가 발생했다. 이 홍수는 강 상류 지방의 폭우로 인하여 엄청난 탁류가 쏟아졌다. 영호루 처마까지 강물에 잠겼다.

오랜 세월 유실과 중수를 반복하며 그 명맥을 이어오던 영호루도 엄청난 폭우로 인한 대홍수를 견디지 못했다. 강물의 수위가 점점 불어나서 수마는 영호루 건물 전체를 덮쳤다. 위용을 자랑하던 영호루는 황토색 강물의 거대한 위력을 견디지 못하고 건물 전체가 수마의 흡인력에 따라 휩쓸려갔다. 이때가 1934년 7월 23일 오전 11시였다. 폭우가 소강상태를 보이고 강물이 줄어들었다. 영호루 옛터에는 주춧돌과 돌기둥 몇 개만 남아 있었다.

영호루의 현재

그동안 다섯 차례의 유실과 일곱 차례의 중수를 겪은 영호루는 1934년 이후 36년만인 1970년 '영호루중건위원회'의 주도로 원래의 위치가 아닌, 강 건너편인 현재 위치에 목조건물이 아닌 철근콘크리트 누각으로 탄생을 하게 되었다.

성금과 국비와 시비로 옛 영호루의 자리에서 강 건너편인 현 위치인 안동시 남선면 정하동 소재에 철근 콘크리트 한식 누각을 새로 지었으니 이것이 현재의 영호루이다.

누대의 모양은 정면 5간 측면 4간의 팔작지붕 형태이다. 북쪽 면에는 공민왕 친필 현판 '영호루'를 걸고, 남쪽 면에는 박정희 대통령의 친필 현판 '영호루'도 걸었다. 누대 안에는 갑술년 홍수 때 유실되었다가 회수한 현액들과 새로 복원한 현액들을 게판하였다.

1992년 안동문화원에서 영호루 옛터에서 북쪽으로 약 20미터 지점에 '영호루유허비'를 세워 옛 자취를 잊지 않도록 하였다. 원래의 위치에는 유실과 중수과정, 그리고 이건에 대해 설명을 해 놓은 유허비가 남아 있다. 유허비에는

영호루

유비가 위치하는 전방 20미터 지점이 원래의 위치였다고 설명하고 있다.

안동에 댐이 두 개 생겨 홍수 수위를 맘대로 조절할 수 있게 되어 이제 영호루는 물에 잠기지 않는다. 설령 물에 잠긴다 해도 튼튼한 콘크리트 건물로 지었기에 유실될 염려도 없다. 숱한 유실과 중수를 거듭해온 탓에 아예 안전장치로 현대식 콘크리트 소재의 영호루를 세웠다.

영호루 현판 개요

현재 영호루에는 52점의 현판이 걸려 있다. 여기에는 2점의 편액과 2점의 기문, 47점의 시판, 그리고 초대형 현판 1점이 있다. 2점의 편액은 공민왕의 친필인 '영호루映湖樓'와 박정희 대통령의 친필인 '영호루'이다.

박정희 대통령 친필 게판(영호루)

2점의 기문은 목은牧隱 이색李穡의 「영호루금방찬서映湖樓金榜讚序」, 점필재佔畢齋 김종직金宗直의 「영호루중신기映湖樓重新記」이다.

초대형 현판은 1820년에 안동부사 김학순金學淳이 쓴 '낙동상류영좌명루洛東上流嶺左名樓'라는 글귀이다. '낙동상류'와 '영좌명루'가 두 개의 판에 네 글자씩 나누어져 있어 2점으로 볼 수도 있겠으나, 마지막 부분에 글씨를 쓴 사람과 연도를 알리는 '경진지부김학순서庚辰知府金學淳書'로 보아 1점으로 봐야 한다.

47점의 시판을 시대별로 구분해보면 고려시대가 13점, 조선시대가 34점이다. 고려시대는 공민왕 이전과 이후로 나뉘어 볼 때, 일본 원정길에서 돌아오면서 읊은 김방경金方慶의 시판을 비롯하여 그의 아들 김흔金忻을 비롯한 홍간洪侃, 우탁禹倬, 채홍철蔡洪哲, 신천辛蔵, 조간趙簡, 정자후鄭子厚, 정포鄭誧 등의 시판 9점은 공민왕 이전의 것이다. 권사복權思復, 이집李集, 전녹생田祿生, 정몽주鄭夢周 등의 시판 4점은 공민왕 이후의 시판이다.

조선시대의 시판으로는 정도전鄭道傳, 권근權近, 이원李原, 류방선柳方善, 조효문曺孝門, 최수崔脩, 이석형李石亨, 김종직金宗直, 조순趙舜, 양희지楊熙止, 이현보李賢輔, 주세붕周世鵬, 홍언충洪彦忠, 김안국金安國, 정사룡鄭士龍, 권응정權應挺, 이황李滉, 권응인權應仁, 김극일金克一, 구봉령具鳳齡 등 20점은 조선전기의 인물들이다. 이정신李正臣, 여필용呂必容, 류여회柳汝懷, 강침姜忱, 홍우서洪禹瑞, 이인복李仁復, 이철보李喆輔, 한광조韓光肇, 홍의호洪義浩, 한홍유韓弘裕, 이집두李集斗, 오연상吳淵常, 김학순金學淳 등 13점은 조선 후기의 인물들이다.

이들 중 조간과 정자후는 복주목사를 지냈고, 이현보, 권응정, 이정신, 여필용, 홍우서, 이인복, 이철보, 한광조, 이집두, 오연상, 김학순 등은 안동부사를 역임하였다. 영호루 게판 한시 20수와 기문 3수를 감상하고자 한다.

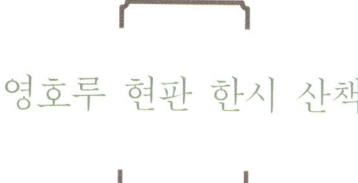

영호루 현판 한시 산책

1. 복주 영호루에서 지음 題福州映湖樓　김방경金方慶[1]

김방경, 영호루

1　김방경(金方慶 : 1212~1300). 본관 안동(安東). 자는 본연(本然)이다. 시호는 충렬(忠烈)이다.

산수는 모두 예전처럼 반기고[2]
누대도 소년 시절 그대로일세.
아련히 고려의 유풍 전해오니
노래 부르며 원정행 수심 달래네.

　　山水無非舊眼靑　　樓臺亦是少年情
　　可憐故國遺風在　　收拾鉉歌慰我行

　김방경은 1229년에 산원겸식목녹사 벼슬을 시작으로 1248년 서북면병마판관으로 부임했다. 1273년 행영중군병마원수에 임명되어 삼별초를 토벌하고 탐라를 평정하였다. 1274년 10월에 원나라가 일본을 정벌하려고 할 때 도독사로서 도원수 홀돈의 지휘 아래 고려군 8천 명을 이끌고 참전하였다. 1276년에는 성절사로 원나라에 다녀왔으며, 1280년 원나라로부터 중선대부·관령고려국도원수의 직임을 받았다. 1283년 삼중대광 첨의중찬 판전리사사 세자사로 벼슬을 마쳤고 첨의령으로 증직되었다.
　이 시는 고려의 명장 김방경이 1274년 원나라가 일본을 정벌할 때 고려군을 이끌고 원나라 군사와 참전했던 사실에 근거한다.[3] 무장으로 일본 정벌의 국가적 임무를 수행하는 길에 영호루에 올랐다. 어수선한 정국과 달리 산천은 예전 그대로 그를 맞아주었다. 소년 시절에 이곳에서 노닐던 추억을 떠올리며 어지러운 국내외 정세 난국을 헤쳐가야 고민을 담았다.
　영호루는 여전히 고려의 유풍이 전해지는 유서 깊은 곳이다. 소년 시절 노닐던 영호루의 모습은 여전히 그대로이다. 고려의 유풍을 따라 건재한 영호루를 보면서 과거 추억 회상과 내적 심리를 표현하였다. 내우외환의 국가적 시

2　산수는……반기고 : '청안(靑眼)'은 친근한 사람을 대할 때의 좋은 눈빛을 말한다. 진(晉)의 완적(阮籍)이 자기와 가까운 사람은 청안(靑眼)으로 맞이하고 거만한 사람을 보면 백안(白眼 : 눈의 흰자위)으로 맞이하였다. 『진서(晉書)』, 「완적전(阮籍傳)」.
3　이 시의 원제(原題)는 「동정일본과차복주등영호루(東征日本過次福州登映湖樓)」이다.

련 앞에서 일본 정벌의 중대한 임무를 수행하면서 내면에 투영된 불한 심리를 애써 호탕한 노래 부르며 삭혀보려고 하지만 이는 쉽게 사라지지 않는다.

2. 영호루映湖樓　김흔金忻[4]

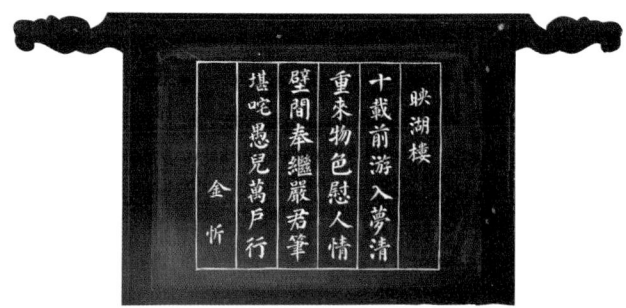

김흔, 영호루

십 년 전 꿈에 노닐던 곳
다시 찾아오니 풍광이 위로하네.
벽 위에 새겨진 아버님 필적 뵈옵고[5]
어리석은 소자 만호로 중국 원행길 떠납니다.

　　十載前游入夢淸　　重來物色慰人情
　　壁間奉繼嚴君筆　　堪咤愚兒萬戶行

　김흔은 김방경의 아들로 부친과 함께 고려를 위해 혁혁한 공을 세웠다. 산

4　김흔(金忻 : 1251~1309). 부친은 김방경(金方慶)이다. 부친을 이어 상락공(上洛公)에 습봉(襲封)되었다.
5　벽 위에…… ·뵈니 : 영호루에 개판된 부친 김방경의 영호루 시를 말한다.

정도감판관을 거쳐 장군이 되었다. 1272년 부친을 따라 탐라에서 삼별초를 토벌하고 대장군이 되었다. 1274년 일본 원정 때 지병마사로 참가하였으며 진주목사를 지냈다. 1277년 북쪽 변방이 소란해지자 출정하였으며, 1282년에 도 상장군으로 원나라에 다녀왔다.

1286년 지신사로서 삼사사, 이듬해에 동판밀직사사가 되었다. 1289년 만호로서 조정군을 이끌고 요양행성에 갔다. 1291년 판밀직사사, 1292년에 판삼사사, 1295년에 지도첨의사사, 1307년에 자의도첨의사사 찬성사가 되었다.

김혼은 1289년 만호 벼슬로 고려군을 이끌고 요양행성에 갔다. 요양행성은 '요양등처행중서성'인데, 원나라에서 설치한 행중서성이다. 이를 줄여 요양행성이라고 하였다. 지리상 위치는 현재의 중국 현재의 중국 동북 3성인 요령성·길림성·흑룡강성과 흑룡강 유역·우수리 강 동쪽 동해안 지역과 원의 동녕부와 쌍성총관부가 설치되었던 한반도 북부 지역과 탐라군민총관부 지역을 관할하였다.

김혼은 영호루를 다시 찾아온 감회를 남겼다. 십 년 세월이 지난 뒤에 다시 온 영호루의 풍광은 변함이 없었고 고향의 어머님 품처럼 따뜻했다. 벽 위에 새겨진 부친 김방경의 시를 대하자 절로 경건함을 느낀다. 김혼은 만호 벼슬로 중국 원행길에 나서면서 부친의 시를 보는 순간 숙연해졌다. 무운장구를 빌며 영호루 탐방의 감회를 남겼다. 김혼은 어머니 같이 넉넉한 영호루에서 아버님 필적을 대하고 이역만리 중국을 향해 편한 발걸음을 옮긴다.

3. 영호루映湖樓　홍간洪侃[6]

삼월의 풀빛 짙은 강남땅

영가 고을 강산에 안개꽃 피었네.[7]

6　홍간(洪侃 : ?~1304). 본관 풍산(豊山), 자는 자운(子雲) 또는 운부(雲夫), 호는 홍애(洪崖)이다. 1266년에 급제하여 비서윤을 거쳐 도첨의사인 지제고에 이르렀다. 저서 『홍애집(洪崖集)』이 있다.

홍간, 영호루

원님의 문장은 사령운 같고[8]
비취색 미인들 우물에 핀 연꽃일레라.

草長江南三月天　永嘉山水好風煙
文章太守謝康樂　珠翠佳人玉井蓮

홍간이 남긴 작품은 고려와 조선조의 저명한 문학비평가들로부터 아름답다는 평을 받고 있다. 고려 시대 이제현은 『역옹패설』에서 "그가 시 한 편을 지어낼 때마다 어진 사람이나 그렇지 못한 사람이나 모두 그 시를 좋아하여 서로 전해가며 외웠다"고 평했다. 그의 시가 뛰어나서 당시에 이미 많은 독자층을 확보했고 널리 애호되었다는 사실이 확인된다.

조선 시대 허균도 『성수시화』에서 그의 시가 "아름다우면서도 맑고 곱다"고 평했으며, 홍만종도 『소화시평』에서 명나라 사신 주지번이 허균이 뽑아준 우리나라 사람들의 시선집을 밤새워 읽고 "이인로와 홍간의 시가 제일 좋다"며 극찬했다.

7　풍연(風煙) 공중에 서린 흐릿한 기운으로, 안개를 말한다.
8　사령운(謝靈運) : 중국 남조(南朝) 송(宋)의 시인. 강락후(康樂侯)에게 벼슬하여 사강락(謝康樂)으로 불리워진다.

당시 대부분의 시인이 모두 송나라 시를 배웠음에도 불구하고 홍간이 당나라 시를 배운 것이 높이 평가하였다. 허균은 홍간의 "「나부인」·「고안행」 등의 작품이 매우 뛰어나다.⁹ 이는 성당盛唐의 작품과 같다", 홍만종은 "당조唐調를 깊이 얻어 송나라 사람의 기습氣習을 벗어났다"고 평가하였다.

홍간의 미적 감각이 돋보이는 작품이다. 시 작품 전체에 화사하고 명랑한 시어들로 가득 채워져 있다. 꽃피고 새우는 춘삼월 강남땅의 안동 고을에는 풀빛이 눈부시도록 짙다. 골짜기마다 아기 진달래·복숭아·살구꽃이 만발한 꽃 대궐을 이룬 '나의 살던 고향'이다. 평화롭고 희망이 가득한 복된 안동 고을 풍경이다.

훈훈한 봄바람은 시인의 마음을 더욱 들뜨게 하였다. 이곳에 남겨진 원님들의 편액 글솜씨는 사령운에 버금간다고 칭찬했다. 비취색 낙동강 물굽이와 영호루의 미적 조화와 바람과 안개가 멋스럽게 어울린 장면을 포착하였다. 당시 영호루 앞 낙동강에는 뱃놀이가 있었던 것으로 보인다. 선비들과 배에 올라 시를 읊고 악기를 연주하거나 노래하는 여인들의 아름다운 치장이 시인의 시선을 고정시켰다. 낙동강 물 위에 현란한 연꽃이 피었다. 영호루 앞의 잔잔한 낙동강 흐름은 연못과 같고 미인들의 알록달록한 옷치장은 연꽃으로 피어났다. 비취색 낙동강 물빛과 다홍색 연꽃 빛깔이 섬세한 조화를 이룬다. 영호루 앞 낙동강은 뛰어난 작가를 만나 이처럼 곱게 장식되었다.

---

9 「나부인(嬾婦引)」 : 7언고시로, 내용은 "구름 창 안개 문에 가을밤 깊었는데 술이 달린 진귀한 휘장에 부용 연꽃이 향기로와요. 구름 창과 어두운 쪽문의 이 여인 긴 밤이 외롭고 오나라 노래와 초나라 춤의 즐거움 다하지 않았어요. 옥비녀 꽂은 이 여인 취하여 금빛 장막에 머물고 대청 위에는 은빛 등잔에 무지개가 만 길이어요. 당 앞의 그림 같은 촛불에 천 가닥 촛농 떨어지고 구슬과 비취의 빛나는 광명은 불야성을 이루어요. 달님은 부끄러워 머뭇머뭇 서쪽 행랑으로 숨어요. 그 누군들 가난한 집의 여린 여인의 입을 저고리 없음을 알까요. 아직 길쌈도 덜 했는데 가을 기러기 떠나가요. 밤 깊어 촛불 꺼지니 이를 어이하나요. 동쪽 벽의 한 치의 불빛이라도 비쳐주면 오죽 좋을까요"雲窓霧閣秋夜長, 流蘇寶帳芙蓉香. 雲窓霧閣秋夜長, 吳歌楚舞樂未央. 玉釵半醉留金張, 堂上銀釭虹萬丈. 堂前畫燭淚千行, 珠翠輝光不夜城. 月娥羞澁低西廂, 誰得知貧家嬾婦無襦衣, 紡績未成秋雁歸. 夜深燈暗無奈何, 一寸願分東壁輝. 전반부에서 부유한 여인의 일상 표현을 하다가 말미에서 가난한 여인의 길쌈하는 안쓰러운 장면으로 전환시켜 작품 구성의 미학을 강화시켰다.

4. 영호루映湖樓 우탁禹倬[10]

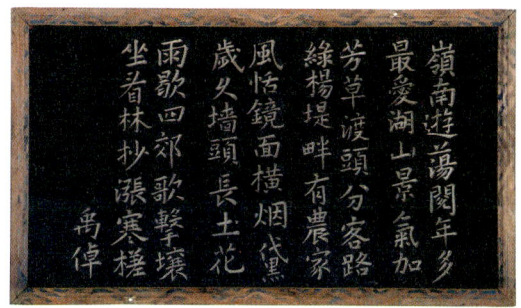

우탁, 영호루

여러 해 영남에서 호탕하게 노닐어봤지만

영호루 좋은 경치가 가장 사랑스러워.

방초 짙은 나루터에 나그넷길 나뉘고

수양버들 우거진 언덕에 농가가 있네.

바람 잦은 수면에 안개 서렸고

해 묵은 담장 머리에 이끼 무성해라.

비 그친 들판에 격양가 들려오고[11]

앉아서 숲 너머 넘실대는 강의 찬 배를 보네.[12]

嶺南遊蕩閱年多　最愛湖山景氣加

芳草渡頭分客路　綠楊堤畔有農家

---

10 우탁(禹倬 : 1262~1342). 본관은 단양(丹陽). 자는 천장(天章) 또는 탁보(卓甫·卓夫), 호는 백운(白雲)·단암(丹巖)이다. 경사(經史)에 통달했으며 시조 2수와 몇 편의 시가 전한다. 시호는 문희(文僖)이다.
11 격양가(擊壤歌) : '태평시대'를 비유하는 말로 쓰인다.
12 사(槎) : '뗏목'이지만 여기서는 '작은 배'를 말한다.

風恬鏡面橫烟黛　歲久墻頭長土花[13]
雨歇四郊歌擊壤　坐看林杪漲寒槎[14]

　우탁은 '역동선생'이라 일컬어진다. 그는 영해사록이 되었을 때 영해의 팔령신을 요괴로 단정하고 신사를 과감히 철폐하였다. 1308년에 감찰규정이 되었을 때 충선왕이 부왕의 후궁인 숙창원비와 통간하자 백의 차림에 도끼를 들고 거적자리를 짊어진 채 대궐로 들어가 극렬히 간한 대쪽 같은 선비였다.
　우탁은 이내 향리로 물러나 학문에 정진했다. 이러한 그의 충의를 가상히 여긴 충숙왕은 여러 번에 걸쳐 그를 조정으로 불러들이려고 하였다. 이에 우탁은 다시 벼슬길에 나가 성균좨주成均祭酒를 끝으로 하여 벼슬길에서 물러났다. 고향으로 내려온 우탁은 예안에 은거하면서 후진 교육에 전념하였다. 당시 원나라를 통해 새로운 유학인 정주학이 수용되고 있었는데, 이를 깊이 연구해 후학들에게 전해주었다.
　우탁은 향토 산수애호가였다. 영남 고을마다 펼쳐진 수많은 명승지가 있지만 한국 유학의 본산인 안동 고을 수려한 낙동강과 영호루의 미적 자태에 매료되었다. 녹음방초 한창인 시절에 나루터를 주목하였다. 나루터 주변의 작은 길까지 그려내었고 이어 수양버들 사이로 비치는 농가의 서정도 놓치지 않았다.
　그의 시선은 점차 이동되어 잔잔한 낙동강 수면에 신비롭게 서린 안개의 풍광을 포착하였다. 오래된 담장 머리 무성한 이끼까지 세밀하게 시에 담았다. 이러한 시각적 이미지 전개는 건너편에서 들려오는 '격양가'에서 급반전된다.
　요임금이 천하를 다스린 지 50년이 되었을 때이다. 천하가 잘 다스려지고 백성들이 즐거운 생활을 하고 있는지 직접 확인하고자 평민 차림으로 거리에 나섰다. 한 노인이 길가에 두 다리를 쭉 뻗고 앉아 한 손으로는 배를 두들기

13　토화(土花) : 이끼를 말한다. 선태(蘚苔)라고도 한다.
14　격양가(擊壤歌) : 풍년이 들어 농부가 태평한 세월을 즐기는 노래를 말한다.

고 또 한 손으로는 땅바닥을 치며 장단에 맞추어 노래를 부르고 있었다. "해가 뜨면 일하고 해가 지면 쉬네. 우물 파서 마시고 밭을 갈아서 먹고 사니 임금의 덕이 내게 무슨 소용이 있으랴[日出而作 日入而息 鑿井而飮 帝力于我何有哉]"라고 노래를 불렀다. 이는 정치의 고마움을 알게 하는 정치보다는 그것을 전혀 느끼기조차 못하게 하는 정치가 진실로 위대한 정치라는 의미이다.

태평 시절에 부르는 이 노래는 이내 '숲'·'작은 배'·'찬 이슬'의 시어 배치로 다시 청각·촉각적인 감각을 느끼는 시로 탄생되었다. 우탁의 산수 자연 애호 미학과 사실주의적인 안목의 집중과 감각적 시어 선택을 통해 미적 구조가 고조되었다.

5. 영호루映湖樓　정자후鄭子厚[15]

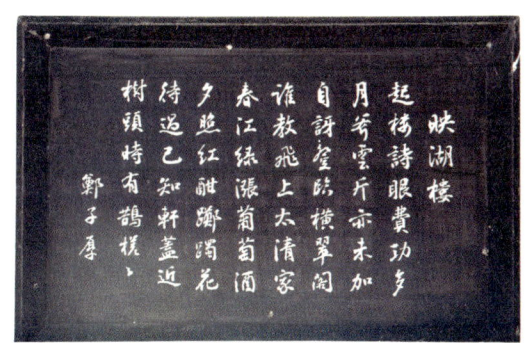

정자후, 영호루

누대 세운 시적 안목과 들인 공도 많으니
구름 자귀 달 도끼로 다듬어도 이보다 못하리.
하늘 위 횡취각에 오른 것 같으니

15　정자후(鄭子厚 : ?~1360). 고려 후기의 문신으로 자는 재물(載物)이고 호는 우곡(愚谷)이다.

그 누가 나를 태청가에 오르게 했는가.
봄 강물 포도주처럼 푸르게 불어나고
석양빛 철쭉꽃에 붉게 비치네.
돌아가길 기다리는 수레가 벌써 가까이 왔고
이따금 나무 위엔 까치가 깍깍 우짖네.

起樓詩眼費功多　月斧雲斤亦未加
自訝登臨橫翠閣　誰敎飛上太淸家
春江綠漲葡萄酒　夕照紅酣躑躅花
待過已知軒蓋近　樹頭時有鵲槎槎[16]

정자후는 고려 충숙왕 때 복주목사를 역임했다. 그는 익재 이제현·급암 민사평과 함께 개경의 철동에 살았다. 그는 수많은 고려 후기의 문신들과 교유하며 많은 시를 남긴 것으로 보인다. 안타깝게도 그의 주옥같은 작품을 후대에 남기게 해줄 후손이 없었기에 문집으로 전해지지 못했다. 서거정의 『동문선』에 그가 남긴 시 세 수가 전해진다.

정자후의 문예 미학적 감각이 빛나는 영호루 시이다. 누대 위에 게판된 한시들의 수준이 대단히 높다는 정평을 하였다. 이러한 시를 선별해서 게시한 공로를 치하하면서 아름다운 영호루의 건축미를 칭송하였다.

누대에 오른 시인 정자후는 도교에서 신선이 산다는 횡취각에 올라온 듯하다고 감탄하였다. 아울러 도교에서 천상의 신선이 산다는 전각인 태청가에 오른 것과 같다고 했다. 전반부에서는 영호루에 오른 감상을 천상 세계를 차용하여 시인의 자유로운 시적 발상을 표출하였다. 천재 시인에 의해 영호루는 천상의 누각으로 극찬이 되었다.

16　헌개(軒蓋) : 이백(李白)의 시 「백마편(白馬篇)」에 "닭싸움 내기하며 만 승의 군주 섬길 거고 수레 덮개는 어찌 그리도 높은가[鬪雞事萬乘 軒蓋一何高]."라는 시구가 있다.

후반부에서 이 시의 매력은 더욱 섬세히 드러난다. 봄철에 낙동강 물이 불어나 비취색 포도주를 연상케 하였다. 후일 이육사가 읊었던 '청포도'의 그 푸르고 영롱한 포도주 빛의 낙동강이 유유히 흐르는 광경을 담았다.

천재 시인은 영호루 앞을 조용히 흘러가는 '낙동강'을 '청포도주'로 표현하였다. 붉은 낙조가 철쭉에 비쳐 철쭉은 그 자체의 붉은 색상에 더욱 멋스럽게 배색이 되었다. 청색과 홍색의 조화와 맛깔스러운 시상의 배치로 시의 미적 수준을 높였다. 길 떠나길 재촉하는 덜컹덜컹하는 수레바퀴 소리와 함께 까치 울음은 청각 이미지 표현이다. 시인의 유려한 필치로 낙동강과 영호루는 그 품격을 한 층 더 높여졌다. 상상과 현실의 공존과 감각적 시 표현으로, '낙동강'은 '맛난 청포도주'로, '영호루'는 '천상의 누각'으로 탄생되었다.

6. 영호루映湖樓　신천辛蔵[17]

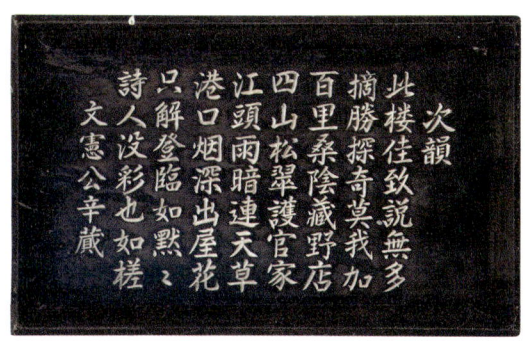

신천, 영호루

영호루 좋은 경치 말로 다 표현할 수 없으니

나보다 더 명승을 탐하는 이 있으랴.

---

[17] 신천(辛蔵 : 미상~1339). 본관은 영산(靈山)이다. 호는 덕재(德齋)이며 시호는 문헌(文憲)이다.

백 리길 뽕나무 숲에 주막집 있고

푸른 소나무 관가를 빙 둘렀네.

어둑한 강 비 내리고 풀빛은 하늘로 이어졌고

박꽃 핀 나루터 초가지붕 굴뚝에 연기 오르네.[18]

이 누대에 올라와서 시 한 수 읊지 못한다면

풍채 없는 시인으로 배에 오른 것 같다네.

此樓佳致說無多　摘勝探奇莫我加
百里桑陰藏野店　四山松翠護官家
江頭雨暗連天草　巷口烟深出屋花
只解登臨如黙黙　詩人沒彩也如槎

신천은 과거에 급제하여 1314년 3월에 선부직랑이 되었다. 그는 안향의 문인으로, 1319년 6월에 총랑으로 있으면서 반대 의견을 무릅쓰고 극렬히 주청하여 스승을 문묘에 종사케 하였다. 1326년에 지공거가 되어 이달중 등을 발탁하였다. 1339년 12월 판밀직사사의 벼슬을 끝으로 세상을 떠났다.

그가 남긴 작품으로 안동의 영호루, 청주의 공북루, 통천의 총석정을 읊은 시가 있다. 삼척팔경 가운데 한 부분을 읊은 「와수목교」와 평해의 경치를 읊은 「요곽장천여고리」 등의 시가 전한다.

시인은 고려의 산수를 퍽 사랑하였다. 실제로 그가 전국을 답사하면서 남긴 기행 한시가 이를 대변해 준다. 영호루에 오른 그의 가슴은 뛰었다. 강과 조화를 이룬 누대의 경관에 압도되었다. 자신보다 명승을 탐하는 이가 없을 만큼 일가견을 가졌다고 선언하면서 영호루의 빼어난 경관에 새삼 경탄했다. 이어 안동 고을의 향토색 짙은 전원적 서경을 그려내었다. 길게 뻗은 뽕나무 숲에 자리한 주막집, 푸른 소나무가 관가를 두른 정경도 놓치지 않았다.

18 나루터………피오르네 : 초가지붕 위 박꽃 핀 굴뚝에서 연기가 피어오르는 것을 의미한다.

어둑한 하늘에 검은 구름이 몰려오더니 잔잔하던 강에 비가 내린다. 누대 위에서 이를 바라보는 시인은 감상에 젖는다. 저 멀리 눈이 시리도록 푸른 풀이 지평선까지 한없이 펼쳐져 있다. 검은 구름 색상에 이어 푸른 풀빛 색상을 표현함으로써 시상의 흐름을 반전시켰다.

시인의 예리한 시선이 나루터 초가지붕 위 박꽃에 꽂혔다. 낙동강을 오가는 뱃사공과 행인들이 북적대고 초가지붕에 하얀 박꽃이 피고 모락모락 연기가 피어오르는 평화로운 안동 고을 풍경을 자세히 그렸다.

이 좋은 누대에 올라 시 한 수 못 지으면 시인의 자격이 없다며 일침을 가한다. 시의 전반에 감수성 예민한 시인의 섬세한 감각과 회화적 시상이 적절히 배합되어 순수 서정시의 매력을 살려내었다. 독자는 이 시를 읽으면서 자연스레 평온한 안동 고을의 풍경을 떠올리며 영호루에 가보고픈 충동을 느끼게 한다.

7. 영호루映湖樓　정포鄭誧[19]

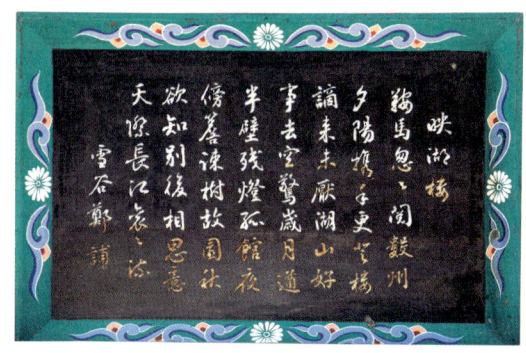

정포, 영호루

19　정포(鄭誧 : 1309~1345). 본관은 청주(淸州). 자는 중부(仲孚), 호는 설곡(雪谷)이다. 저서로『설곡집』이 있다.

서둘러 말 타고 몇 고을 지나가다가
석양 무렵 벗과 함께 다시 누에 올랐네.
귀양을 왔지만 산수를 좋아하니
힘든 일 지나가니 새삼 세월 빠름이 놀랍네.
희미한 등잔불 깜빡이는 외로운 여관의 밤
처마 곁 낙엽 소리에 고향 생각 간절한 가을밤.
이별한 후 서로 그리워하는 맘 일어나
하늘가 어여삐 흘러가는 은하수를 올려다본다오.

鞍馬忽忽閱數州　夕陽携友更登樓
謫來未厭湖山好　事去空驚歲月遒
半壁殘燈孤館夜　傍簷疎樹故園秋
欲知別後相思意　天際長江袞袞流

정포는 1326년에 18세 나이로 과거에 급제하였다. 예문수찬이 되어 원나라에 표를 올리러 가다가 원나라에서 귀국하던 충숙왕을 배알하여 왕의 인정을 받고 그 길로 왕을 따라 귀국하여 좌사간으로 발탁되었을 만큼 총명했다. 충혜왕 때 전리총랑에서 좌사의대부까지 올랐다.

성품이 강직하여 충혜왕의 폭정을 서슴지 않고 직간하였다. 이에 미움을 받아 면직되었다. 무고까지 당해 현재 울산인 울주로 유배되었다. 그는 유배지에서 오랜 세월 동안 지내면서 시를 지으며 세월을 보냈다. 그는 불행하게도 37세의 어린 나이로 병이 들어 죽었다.

그는 일찍부터 최해에게서 수학하였으며 이곡과 친하였다. 그의 아들 대에 이르러서도 정추와 이색이 또한 가까이 교유하였다. 특히 그의 한시는 유배지에서 지은 것이 많다. 이색이 쓴 「설곡시고서」에서는 그의 시를 두고, "맑으면서도 고고하지 않고 고우면서도 음란하지 않다. 말이 아담하고 심원하여 시

속말은 한 자도 쓰지 않았다."라고 높이 평가하고 있다.

　남용익은『호곡시화』에서 정포는 '섬미'로 묘경에 달했다는 시평을 하고 있다. 그는 문장과 글씨에도 능했다.『동문선』에 전하는 27편의 한시와 표전, 청사, 축문 등 12편 문장들은 질이나 양적인 측면에서 그의 문학적 위상을 충분히 알 수 있게 한다.

　고려의 명문장가인 정포가 귀양객으로 영호루를 지나다가 읊은 작품이다. 석양빛 찬란한 누대에 벗들과 함께 올라서 경관을 감상한다. 귀양을 하는 어려움 속에 세월이 빨리 지나감을 느끼며 감회를 남겼다. 나그네 향수가 짙게 반영되어 있다. 등잔불 아래 나그네가 고향을 그리워한다. 자신의 신세 불우에 따른 불안 심리도 반영되어 있다. 문득 그리운 이가 떠올랐다. 만날 수 없는 아픔을 저 하늘가에 잔잔히 흐르는 은하수를 보며 달랜다. 견우와 직녀 전설을 떠올렸을 것이다. 아련한 천상의 전설을 떠올리며 여로서정을 담았다. 여성 어조의 섬세한 터치로 작가의 힘겹고 여린 내면세계를 표현했다.

8. 영호루映湖樓　권사복權思復[20]

권사복, 영호루

---

[20]　권사복(權思復 : ?~1358) : 본관은 안동(安東). 고려 공민왕(恭愍王) 때의 문신이다.

가는 곳마다 누대 있고 명승지도 많지만
이 누대에 오르니 풍경 감상의 마음이 더해지네
언덕 너머 서남길에 갈대꽃 피어있고
뽕나무 우거진 마을에 두서너 농가 보이네.
세 글자 공민왕의 어필이 금빛으로 비치니
한 구역 신선 경관에 어필까지 빛나네.
어릴 때 강변의 버들가지 꺾어들고 놀았는데
늙어 돌아왔지만 아직 뱃놀이는 못했네.

到處樓臺摘勝多　此樓贏得賞心加
蒹葭岸外西南路　桑枯村中數四家
三字御書金照水　一區仙境錦添花
早年攀折江邊柳　老到歸來尙未槎

　권사복은 공민왕 대에 활약한 안동 출신의 인물이다. 정당문학 백문보의 문인으로 당대 걸출한 문인 김구용·이숭인·이무방 등과 동문수학하였다.
　한반도 어디를 가도 아름다운 풍경과 고적들이 많건만 안동 고을 영호루의 풍경은 여느 곳과 다름을 자부하였다. 언덕 너머 곱게 핀 갈대꽃 길과 뽕나무 우거진 농가의 전원적인 서정을 담았다. 공민왕 친필의 휘호가 빛나고 이 구역은 신선들이 노니는 경관이라고 흥분했다. 그 어릴 적 노닐던 곳을 다시 찾아왔건만 영호루는 멋과 신비를 간직하면서 그를 정겹게 맞아준다. 향토 문인 권사복이 남긴 한시 몇 수를 소개한다.

　방앤[放鴈]
높은 하늘에 마음대로 날 수 있는데
어이하여 논밭에 내려왔다가 위기 맞는가.

이제부터 하늘 저 멀리 날아가서
몸을 온전히 하며 살찌기를 구하지 말지니.

雲漢猶堪任意飛　稻田胡自稻危機
從今去向冥冥外　只要全身勿要脾

기러기가 세인들이 사는 곳에 내려왔다가 위기를 맞는 것을 보고 풍유적 수법으로 경계하였다. 일신의 몸을 살찌우기 위해 논밭에 내려왔다가는 큰 변을 당하기에 부디 먼 창공으로 높이 날아가서 이러한 화를 피하길 당부하였다.

병인삼월병후제[丙寅三月病後題]
병이 해마다 깊어 가매 사는 일이 귀찮아
날 가는 줄도 모르는데 봄도 지나가고 마네.
지는 꽃이 창 안에 날아드니
가지 끝 붉은 꽃이 듬성함을 알겠네.

病與年深生事微　不知日去況春歸
落花飛入軒窓裏　始覺枝頭紅自稀

병석에 누워 신음하는 사이 봄이 모두 지나감을 애석해하였다. 늦봄의 바람이 불고 꽃나무 가지에 붙어 있던 마지막 꽃잎이 창안으로 들어와 병든 시인을 위로한다.

9. 영호루映湖樓   전록생田祿生[21]

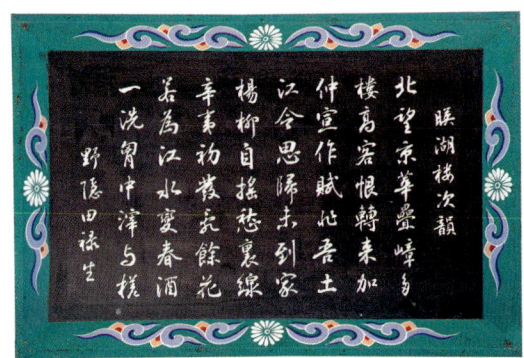

전록생, 영호루

북쪽의 경치 조망하니 첩첩 산봉우리

높은 누대에 오른 나그네 시름은 더 깊어지네.

중선은 부를 지어 고향 땅이 좋다고 했고[22]

강령은 고향 그리워하면서도 가질 못했네.[23]

내 시름마냥 한들한들 수양버들 춤추고

난리 뒤에 백목련 꽃봉우리 막 맺혔구나.[24]

---

21 전록생(田祿生 : 1318~1375) : 본관은 담양(潭陽). 자 맹경(孟耕), 호 야은(壄隱). 숙종 때 장흥(長興)의 감호사(鑑湖祠)에 배향되었으며 저서 『야은일고(壄隱逸稿)』가 있다.

22 중선(中宣 : 177~217) : 후한 말기 산양(山陽) 고평(高平) 사람으로, 자는 중선(仲宣)이다. 건안칠자(建安七子)의 한 사람이자 대표적 시인으로, 표현력이 풍부하고 유려하면서도 애수에 찬 시를 남겼다. 「종군시(從軍詩)」 5수와 「칠애시(七哀詩)」 3수, 「등루부(登樓賦)」가 유명하다. 저서 『왕시중집(王侍中集)』이 있다.

23 강암(江淹 : 444~505) : 자는 문통(文通)으로 하남성(河南省) 고성(考城) 출신이다. 대표작에는 한(漢)나라에서 송(宋)나라에 이르는 시인 30명의 작품을 모방한잡체시(雜體詩) 30수가 있다. 부(賦)에는 한부(恨賦)·별부(別賦) 2편이 있는데, 문사(文辭)가 화려하다. 변문(騈文)에는 『예건평왕상서(詣建平王上書)』가 유명하다. 강암 역시 중선처럼 고향을 그리워하는 시를 지은 데서 위와 같은 표현을 썼다.

24 신이(辛夷) : 목련과의 백목련(Magnolia denudata Desrousseaux) 또는 동속 식물의 꽃봉오리를 말린 약재를 말한다. 목련의 꽃봉오리가 처음 생길 때 띠의 어린싹과 비슷하기 때문이며 맛이

이 강물 모두 봄 술로 변케 하여
들이켜서 가슴 응어리 씻어내고파.

北望景華疊嶂多　樓高客恨轉來加
仲宣作賦非吾土　江令思歸未到家
楊柳自搖愁裏線　辛夷初發亂餘花
若爲江水變春酒　一洗胸中滓與槎

전록생은 충혜왕 때 문과에 급제하여 제주사록·전교시교감을 역임했다. 원나라 정동향시에 급제하였다. 1347년 정치도감 의정치관으로 백문보와 함께 기삼만[25]을 옥사시켜 원나라 사신에게 국문당하였다. 1357년 기거사인으로서 간의 이색, 사간 이보림·정추 등과 함께 염철별감의 폐단을 상소하였다. 1361년 전중시어사를 거쳐 전라도 안찰사로 나갔다. 같은 해 홍건적의 난 때 왕을 호종한 공신으로 좌상시가 되었다.

1364년 감찰 대부로서 원나라에 다녀와서 계림윤·밀직제학이 되었다. 1367년 경상도도순문사, 1371년 동지공거·대사헌을 거쳐 1373년 정당문학으로서 우왕의 사부가 되었다. 이듬해 개성부사·문하평리 등을 거쳐 추충찬화보리공신이 되었다. 1375년 간관 이첨·전백영 등이 북원의 배척과 이인임의 주살을 청했다가 투옥된 사건에 연루되어 유배 도중 죽었다.

전록생은 북쪽 봉우리를 감상하고 영호루에 올라 남다른 감회를 남겼다. 중국의 유명한 문인인 중선과 강암이 객지에서 고향을 그리워하던 고사를 떠올렸다. 등루부는 왕찬이 형주의 당양현의 성루에 올라 가슴 속의 뜻을 펴지 못한 자신의 불우한 처지를 가을의 정취에 기탁해 지은 작품이다.

왕찬은 불안정한 시국, 오랫동안의 타향살이에 대한 고통과 향수, 그리고

매워 생긴 이름이다.
[25] 기삼만 : 기황후(奇皇后) 친척 조카를 말한다.

나라를 위하여 일하고 싶으나 길이 열리지 않고 자신이 재주를 가지고 있음에도 기회를 만나지 못한 울분 등을 「등루부」에서 "멀리 고향을 떠나온 슬픔 탓에 눈물이 한없이 흘러 멈출 길 없네.[悲舊鄕之壅隔兮 悌橫墜而弗禁]"고 했다.

이와 함께 중선도 앙양루에서 고향을 그리워하여 「등루부」를 지었다. 두보의 「야우」라는 시를 보면, "추우면 무협으로 나가 취하면 중선루를 떠나리라.[天寒出巫峽 醉別仲宣樓]"고 했다. 강암도 객지에서 불우하게 지내면서 이와 같은 신세를 한탄하는 시를 지었다.

전록생은 시대적 어려움 속에 객지를 배회하면서 영호루에 올라 중국 역대 문인들이 읊었던 「등루부」를 떠올리며 동일한 감회에 빠져들었다.

그의 시름과 무관하게 버들가지 한들거리고 시대 통증을 알 까닭 없는 백목련이 활짝 피었다. 호기가 넘치는 시인은 낙동강 푸른 강물을 다 끌어와 자신의 가슴에 응어리진 상처와 답답함을 모두 씻어내 버리고 싶었다. 가슴 가득한 호기를 펼칠 수 없는 모순 현실에 대한 울분을 토로했다. 좌절과 상실감을 응축하면서 내면에 간직한 웅대한 포부를 맘껏 펼칠 새로운 세상의 도래를 염원하였다.

10. 안동 영호루安東映湖樓   정몽주鄭夢周[26] 일본에서 돌아와 지음回自日本作

동남으로 여러 고을 두루 다녔지만
영가의 경치가 제일 아름다워라.
고을이 산천 형세 가장 좋은 곳에 있어
출신 인물들로 장군과 정승도 많다네.
논밭에 풍년 들어 곡식들은 넉넉하고

---

[26] 정몽주(鄭夢周 : 1337~1392). 본관 영일(迎日). 출생지는 영천(永川). 초명은 정몽란(鄭夢蘭) 또는 정몽룡(鄭夢龍), 자는 달가(達可), 호는 포은(圃隱). 저서『포은집(圃隱集)』이 전한다.

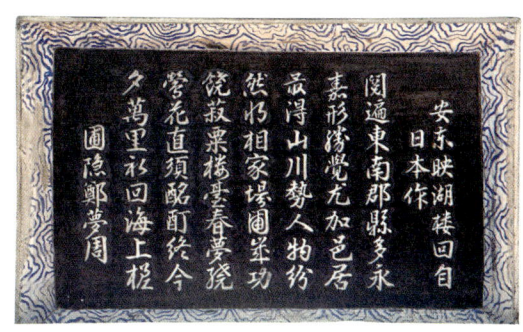

정몽주, 영호루

봄날 누대에 꾀꼬리 울고 꽃 피었네.
오늘 밤 다 가도록 술에 흠뻑 취하리
만 리 길 배 타고 온 이 몸일세.

閱遍東南郡縣多　永嘉形勝覺尤加
邑居最得山川勢　人物紛然將相家
場圃歲功饒菽粟　樓臺春夢繞鷺花
直須酩酊終今夕　萬里初回海上槎

정몽주는 추밀원지주사 정습명의 후손으로, 부친은 정운관이다. 모친 이씨는 난초 화분을 품에 안고 있다가 땅에 떨어뜨리는 꿈을 꾸고 낳았기에 그의 초명을 '정몽란鄭夢蘭'이라 했다. 뒤에 정몽룡鄭夢龍으로 개명하였고 성인이 되자 다시 정몽주鄭夢周라 고쳤다.

1367년 성균관이 중영되면서 성균박사에 임명돼 『주자집주』를 유창하게 강론하여 당시 유종儒宗으로 추앙받던 이색으로부터 우리나라 성리학의 시조로 평가받았다.

그는 고려왕조를 부정하고 새로운 왕조를 개척하는 데에 반대해 뜻을 같이

하던 이성계를 찾아가 정세를 엿보고 돌아오던 중 이방원의 문객 조영규 등의 습격을 받아 사망했다. 그의 시문은 호방하고 준결하며 시조「단심가」는 그의 충절을 대변하는 작품으로 후세까지 많이 회자되고 있다.

1375년경에 왜구가 자주 우리나라 영토를 침범하여 피해가 심해졌다. 정몽주는 조정의 명을 받들어 보빙사로 일본에 보내져 국교의 이해관계를 잘 설명해 일을 무사히 마치고 고려인 포로 수백 명을 구해 돌아왔다. 보빙사로 일본에 다녀온 뒤 영호루를 방문한 소감을 다뤘다.

동남 여러 명승 가운데 영호루의 풍광이 빼어날 뿐만 아니라 안동은 훌륭한 인물과 장군을 비롯한 재상들이 많이 태어난 곳이라고 했다. 논밭 가득한 곡식과 태평을 알리는 꾀꼬리 울음소리와 온갖 꽃이 활짝 핀 안동 고을 꽃동네를 담았다. 말미에 먼 일본 여정을 다녀온 그의 심회가 담겨있다.

11. 영호루映湖樓 정도전鄭道傳[27]

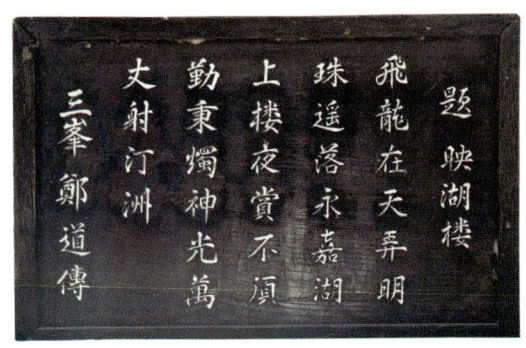

정도전, 영호루

---

[27] 정도전(鄭道傳 : 1342~1398). 본관은 봉화(奉化). 자는 종지(宗之), 호는 삼봉(三峰)이다. 저서로 「경제의론」・「감사요약」・「팔진36변도보」・「오행진출도기」・「강무도」・「진법」・「진맥도결」・「태을72국도」・「상명태을제산법」 등이 있었다고 한다. 일부 내용이『삼봉집』에 전한다.

하늘 날던 용이 가지고 놀던 반짝이는 구슬이
멀리 영가 고을 낙동강 영호루에 떨어졌네.
밤에 구경할 때 촛불 켤 일도 없으니
신기한 광채가 물가를 쏘아대네.

飛龍在天弄明珠　遙落永嘉湖上樓
夜賞不須勤秉燭　神光萬丈射汀洲

정도전은 이성계를 도와 제도의 개혁을 통해 조선 개국의 핵심 주역이 된 정치가이다. 1370년에 성균관 박사가 되었다. 1383년 이성계를 찾아가 세상사를 논하면서 자연스럽게 인연을 맺었다. 이성계가 위화도회군을 일으킬 때 우왕을 폐하고 창왕을 세워 밀직부사가 되었다.

1392년 정몽주가 이방원에게 살해되고 반대 세력이 제거되자 조준과 함께 이성계를 새로운 왕으로 추대해 조선왕조를 열었다. 이후 진법 훈련을 강화하면서 요동정벌도 추진하였다. 이방원을 전자로도 보내고 이방번을 동북면으로 보내려고 했으나 이방원 세력의 기습을 받아 방번·방석 등과 함께 살해됐다.

정도전은 영호루를 미적으로 극대화하여 '하늘에 노닐던 용이 떨어뜨린 구슬'로 형상하였다. 굳이 밤에 촛불을 켤 일도 없다. 그 영롱한 여의주가 신비한 광채를 물에서 연이어 쏘아대기 때문이다.

시적 구도의 규모가 매우 크다. 여느 시인처럼 영호루 주변 경관이나 안동 고을 풍경을 묘사하는 부분은 전혀 없다. 전설상의 동물인 용이 여의주를 물고 천상과 천하를 오르락거리며 노닐다가 여의주를 안동 고을 영호루 앞 낙동강에 떨어뜨렸다. 여의주는 신기한 빛을 발하는 발광체가 되어 영호루에는 밤에도 신비한 불빛이 찬란하다.

12. 영호루시 | 映湖樓詩   권근權近[28]

권근, 영호루시

나그네 길에 누에 오르니 감회도 많은데
이리저리 떠돌다 머릿결은 실처럼 희어졌네.
바다 밖 외국에서는 고국이 그리웠는데
고향이라 돌아와도 내 집도 없구나.
백 척 높은 난간 빈 공중에 떠 있고
임금님의 내린 글씨 금빛으로 찬란하네.
긴 강은 멀리 은하수와 맞닿아있으니
당장 배 띄워 노 저어 가고 싶어라.

客裏登臨感歎多　倦遊贏得鬢絲加
海天流落空懷國　鄕郡歸來未有家
百尺危欄浮碧落　九重宸翰耀金花
長川逈與銀河接　直欲迢迢一泛槎

---

[28] 권근(權近 : 1352~1409). 본관은 안동(安東). 자는 가원(可遠)·사숙(思叔), 호는 양촌(陽村)·소오자(小烏子)이다. 저서 『양촌집(陽村集)』 40권을 남겼다. 시호는 문충(文忠)이다.

권근은 1368년에 성균시에 합격하였다. 이듬해 급제해 춘추관검열·성균관 직강·예문관응교 등을 역임했다. 1393년 왕의 특별한 부름을 받고 계룡산 행재소에 달려가 새 왕조의 창업을 칭송하는 노래를 지어올렸다.

  출사하여 예문관대학사·중추원사 등을 지냈으며 개국원종공신으로 화산 군에 봉군되었다. 정종 때는 정당문학·참찬문하부사·대사헌 등을 역임하면서 사병제도의 혁파를 건의하여 단행케 했다. 1401년에 좌명공신 4등으로 길창군에 봉군되고 찬성사에 올랐다. 1402년에 지공거, 1407년에는 최초의 문과중시에 독권관이 되어 변계량 등 10인을 뽑았다.

  하륜 등과 『동국사략』을 편찬하였다. 이색을 스승으로 모셨다. 그의 문하에서 정몽주·김구용·박상충·이숭인·정도전 등 당대 석학들과 교유하면서 성리학 연구에 몰두했다. 그의 대표적 저서를 들면, 『입학도설』과 『오경천견록』이다. 『입학도설』은 훗날 이황 등에게 큰 영향을 미쳤다.

  나그네로 객지를 유람하다가 영호루를 찾은 감회를 표현하였다. 오랜 세월 동안 여러 관직을 지내면서 풍상을 겪은 탓에 머리카락은 백발이 되었다. 외국에서 지내는 동안 고국이 그리웠고 고향 안동에 대한 향수는 남달랐을 터이다.

  이어 영호루의 미적 품위와 낭만 서정을 담았다. 높은 난간의 누대 위용과 공민왕 친필을 소개하였다. 길게 흐르는 낙동강이 하늘의 은하수와 맞닿아있다고 하면서 은하수 강에 배를 띄워 은하수 강으로 노를 저어 가고픈 마음으로 가슴이 뛰었다.

13. 영호루映湖樓   류방선柳方善[29]

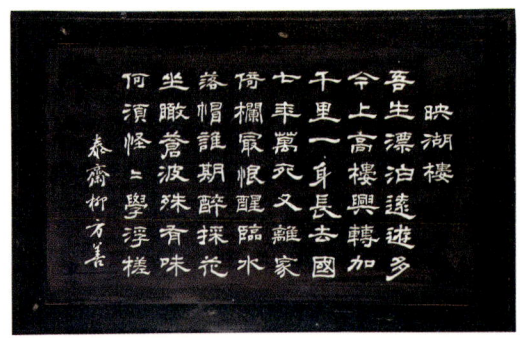

류방선, 영호루

내 평생 표표히 유람도 많이 했지만
이제 누에 오르니 더욱 흥겁다네.
천 리 밖 외로운 몸 긴 귀양살이
칠 년간 죽을 고생하고 또 집을 떠나네.
난간에 의지하여 술 깰까 한하노니
그 누구와 취한 채 갓을 던지고 꽃을 딸까.
앉은 채 강물 보니 더욱 운치 있으니
무엇 하러 거추장스레 배 띄우고 유람하랴.

吾生漂泊遠遊多   今上高樓興轉加
千里一身長去國   七年萬死又離家
倚欄最恨醒臨水   落帽誰期醉採花
坐瞰蒼波殊有味   何須怪怪學浮槎

---

[29] 류방선(柳方善 : 1388~1443). 본관은 서산(瑞山)이다. 자는 자계(子繼), 호는 태재(泰齋)이다. 경현원(景賢院)과 영천의 송곡서원(松谷書院)에 제향되었다. 저서『태재집(泰齋集)』이 있다.

류방선은 12세 무렵부터 변계량·권근 등에게 학문을 익혀 일찍부터 글재주가 뛰어나다는 평을 받았다. 1405년에 국사사마시에 합격하고 성균관에서 공부하였다. 1409년에는 부친의 옥사로 인한 연좌가 되어 청주로 유배되었다. 이듬해 영천으로 다시 유배지를 옮겼다. 1415년 풀려나 원주에서 지내던 중 참소로 인해 다시 영천에 유배되었다가 1427년에 풀려났다.

　그는 오랜 유배 생활을 했지만 평소 쌓은 학행이 인정을 받아 과거시험을 거치지 않고 높은 관직에 천거될 수 있는 학식과 덕망이 높은 선비로 추천이 되어 주부에 천거되었다. 하지만 그는 이를 사양하였다.

　특히 유배생활 중에는 유배지 영천의 명승지에 '태재'라는 서재를 지었다. 그리고 당시에 유배를 왔거나 은둔하던 이안유·조상치 등의 문사들과 학문적인 교분을 맺었다. 주변의 자제들에게 학문을 전수하여 이보흠 등의 문하생을 배출하였다.

　그는 정몽주·권근·변계량을 잇는 영남성리학의 학통을 후대에 계승시키고 발전시키는 역할을 했다. 원주에서 생활하는 동안 서거정·한명회·권람·강효문 등의 문하생을 길러내었다. 아울러 그는 시학에 뛰어난 문인으로 평가를 받았다.

　이 시는 류방선이 영천에 유배되었다가 원주로 유배지를 옮겼다가 다시 영천으로 유배지를 옮긴 무렵에 지은 것이다. 소탈한 작가의 내면세계가 그려져 있다. 긴 세월 동안 유배지를 전전하다가 다시 유배길에 오르는 처량한 신세한탄과 여로서정이 드러난다.

　술에 흠뻑 취해 꽃을 따고픈 마음을 표현하였다. 영호루에 앉아 낙동강을 바라보니 그 자체만으로도 멋스럽기에 구태여 배에 올라 흥을 누릴 필요를 느끼지 않는다.

14. 영호루映湖樓   이석형李石亨[30]

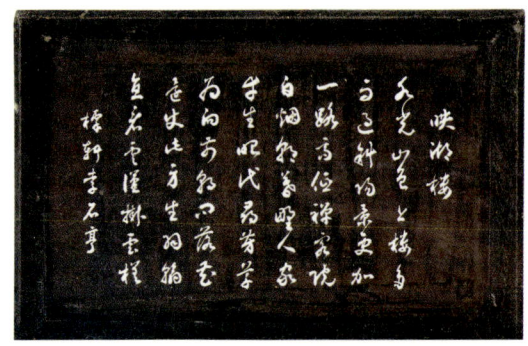

이석형, 영호루

누대에 오르니 물빛과 산색이 더욱 짙고
비 그친 저녁 햇빛 받은 경치도 좋구나.
길 한쪽엔 여기저기 절이 있고
아침저녁으로 농가에 흰 안개 피오르네.
다행히 태평 시절에 태어나 고운 풀을 찾고
전조를 향해서는 낙화를 물어보네.
돌이켜 이 몸에 날개가 돋혀난다면
곧바로 은하수에 뗏목을 띄우리라.

水光山色上樓多　雨過斜陽景更加
一路高低禪客院　自烟朝暮野人家
幸生昭代尋芳草　爲向前朝問落花
還使此身生羽翰　直看雲漢掛雲槎

30　이석형(李石亨：1415~1477)：본관은 연안(延安)이다. 자는 백옥(伯玉), 호는 저헌(樗軒)이다. 시호는 문강(文康)이다. 저서로『대학연의』·『대학연의집략』과『저헌집』, 편저로『역대병요』·『치평요람』등이 있다.

이석형은 1441년에 생원·진사 두 시험에 합격하였다. 이어 식년 문과에 장원으로 급제하였던 수재였다. 이내 사간원정언에 제수되었고, 이듬해 집현전부교리에 임명되어 14년 동안 집현전학사로 재임하면서 집현전의 응교·직전·직제학을 두루 역임하였다. 집현전응교로 재임한 1447년 문과 중시에 합격했다. 왕명으로 진관사에서 문흥을 위해 유능한 젊은 관료들에게 독서에 전념하도록 휴가를 주던 제도 사가독서로 학문에 전심전력하였다.

1457년 판공주목사, 이듬해 첨지중추원사, 한성부윤이 되었다. 1460년 황해도관찰사, 이듬해 사헌부대사헌을 거쳐 경기관찰사를 역임하였다. 1462년 호조참판을 거쳐 7년 동안 판한성부사를 역임하였다.

1466년 팔도도체찰사를 겸해 호패법을 철저히 조사해서 밝혔다. 1468년 세조가 죽자 승습사로 명나라에 다녀온 뒤 지중추부사가 되었다. 1470년 판중추부사에 오르고 지성균관사를 겸했다. 1471년에는 좌리공신에 책록되고, 연성부원군으로 봉해졌다. 집현전학사로 있을 때『치평요람』·『고려사』의 편찬에 참여하였다.

석양 무렵 소나기가 지나간 산수는 곱게 반짝인다. 주변에 절과 농가의 모습이 퍽 정겹다. 태평시절 조선에 비해 망해버린 고려에 대한 회고의 서정도 묻어난다. 문득 무한한 상상의 날개를 펼친다. 날개가 돋혀 곧바로 은하수까지 배를 저어가고 싶다.

15. 영호루映湖樓 김종직金宗直[31]

지는 해 쓸쓸한 기운이 주렴에 어리어

---

[31] 김종직(金宗直 : 1431~1492) : 본관은 선산(善山)이다. 자는 효관(孝盥)·계온(季昷), 호는 점필재(佔畢齋)이다. 시호는 문간(文簡)이다. 저서로『점필재집』·『유두유록』·『청구풍아』·『당후일기』, 편저『일선지』·『이존록』·『동국여지승람』등이 전해지고 있다. 무오사화 때 그의 많은 저술이 소실되어 그의 학문적 전모를 파악하는데는 한계가 있다. 중종반정으로 신원되었으며 밀양의 예림서원, 선산의 금오서원, 함양의 백연서원, 김천의 경렴서원, 개령의 덕림서원 등에 제향되었다.

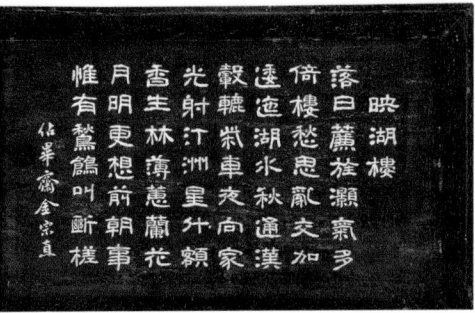

김종직, 영호루

누에 오른 이 마음 시름도 많다네.
출렁이는 물결은 은하수에 닿았고
덜컹대는 수레는 집을 향하네.
모래톱을 비추는 북두의 별빛
들에서 스며 오는 혜란화 향기.
달 밝은 밤 고려의 흥망을 다시 생각해 보니
재두루미 우는 소리 간장을 끊네.

落日簾旌灝氣多　倚樓愁思亂交加
逶迤湖水秋通漢　轂轆柴車夜向家
光射汀洲星斗額　香生林簿蕙蘭花
月明更想前朝事　惟有鷀鶄叫斷槎

　　김종직은 1453년에 진사, 1459년에 식년문과에 급제하였다. 1462년에 승문원박사 겸 예문관봉교에 임명되었다. 이듬해 감찰이 되었다. 경상도병마평사·이조좌랑·수찬·함양군수 등을 거쳐 1476년에 선산부사가 되었다. 1483년 우부승지에 이어 좌부승지·이조참판·예문관제학·병조참판·홍문관제학·공조참판 등을 역임하였다.

제자 김일손이 사관으로서 사초에 수록하여 무오사화의 단서가 된 김종직의 「조의제문」은 중국의 고사를 인용하여 '의제'와 '단종'을 비유하면서 세조의 왕위찬탈을 비난했다. 이들 사림들이 당시 훈척 계열의 비리를 비판하고 나서자 이에 당황한 유자광·정문형·한치례·이극돈 등이 자신들의 방호를 위해 1498년에 무오사화를 일으켰다. 그 결과 많은 사람들이 죽거나 귀양을 가게 되었고, 김종직도 생전에 써둔 「조의제문」과 관련되어 부관참시당했다.

김종직의 그러한 절의정신이 제자들에게까지 전해져 사림들로부터 존경받는 인물이 되었고, 당시 학자들의 정신적 영수가 되었다. 그는 고려 말 정몽주·길재의 학통을 이은 아버지로부터 수학하여 후일 영남사림의 종장이 되었다. 김종직은 문장·사학에도 두루 능했다. 절의를 중요시하여 조선시대 도학의 정맥을 이어갔다.[32] 그의 도학사상은 제자 김굉필·정여창·김일손·유호인·남효온·조위·이맹전·이종준 등에게 큰 영향을 미쳐 영남사림파의 종장이 되었다.

김종직은 석양 무렵 영호루에 오른 시인은 감상에 젖어 들었다. 나그네로이 누대를 찾은 복잡한 내심을 비친다. 아득한 물길 끝을 바라보노라니 물결이 은하수까지 이어져 있다. 덜컹대며 지나가는 수레바퀴 소리는 생생한 삶의 현장 스케치이다. 시각과 청각적 심상의 조화로운 표현을 느낄 수 있다.

점차 시간이 흘러 어둑어둑한 밤이 되었다. 모래 벌에는 강물에 북두칠성이 곱게 반짝이고 들판에서는 혜란화 향기가 날아온다. 이 역시 시각과 후각적인 조합이다. 회고적인 시상으로 마무리했다. 휘영청 밝은 달이 오른 영호루에서 시인은 지난 고려조의 흥망성쇠를 되돌아보며 감상에 빠졌다. 재두루미 울음 소리는 그의 마음을 더욱 애닯게 하였다. 다양한 수사력을 동원하여 작품의 완성도를 제고한 작품이다.

---

[32] 이원걸, 『김종직 시문학 연구』, 성균관대학교 대학원 박사학위 논문, 2003; 이원걸, 『점필재 김종직의 풍교 시문학 연구』, 박이정, 2006.

16. 영호루 시에 차운하며 次映湖樓　이현보 李賢輔[33]

이현보, 영호루 시에 차운하며

어려움 당했을 때 영호루에 올랐던 적 많았는데
분에 넘치는 벼슬을 받고 다시 또 왔네.
글 배우던 향교엔 옛 자취 그대로 남아 있고
역마을 머무는 곳에 주인이 살고 있네.
동분서주하며 지내느라 이미 늙었지만
청산은 예전 같아 눈에는 꽃이 피네.
긴 숲 멀리 흐릿하게 뵈는 옛 나무들
삼십 년 동안 반은 객지에서 떠돌았네.

落魄登樓歲月多　重來非分印章加
黌堂負笈留遺蹟　驛里居停有主家
白首東西身已老　青山今古眼添花
長林遠樹渾依舊　三十年來半作槎

33　이현보(李賢輔 : 1467~1555) : 본관은 영천(永川)이다. 자는 비중(菲仲), 호는 농암(聾巖)이다. 1612년에 향현사(鄕賢祠)에 제향되었다가 1700년 예안의 분강서원(汾江書院)에 제향됐다. 시호는 효절(孝節)이다.

농암 이현보는 1498년 식년문과에 급제한 뒤 32세에 벼슬길에 올라 예문관 검열·춘추관기사관·예문관봉교 등을 역임했다. 1504년 38세 때 사간원정언이 됐다. 이 때에 서연관의 비행을 탄핵했다가 안동에 유배됐으나 중종반정으로 지평에 복직되었다. 이어 밀양부사·안동부사·충주목사를 지냈다.
　1523년에는 성주목사로 선정을 베풀어 표리表裏를 하사받았다. 이후 병조참지·동부승지·부제학 등을 거쳐 대구부윤·경주부윤·경상도관찰사·형조참판·호조참판을 역임했다. 1542년 76세 때 지중추부사에 제수됐으나 병을 핑계로 벼슬을 그만두었다.
　그는 홍귀달의 문하에서 공부했으며 김안국·정사룡·조광조·이황·황준량 등과 교유하였다. 고향에 돌아와서는 시를 지으며 한가롭게 보냈다. 저서 『농암집』이 있다. 작품으로 「어부가漁父歌」를 장가 9장, 단가 5장으로 고쳐 지은 것과 「효빈가」·「농암가」·「생일가」 등의 시조 작품 8수가 전한다. 자유로운 자연에 돌아와 도의를 즐기는 세계를 표현하였다. 강호생활의 흥취를 더하여 당대 유학자들에게 고려의 속요와 차원이 다른 새롭고 신선한 노래로 받아들여졌다.
　이외에 5편의 부와 다수의 한시를 남겼다. 영남 사림파에게 영향을 주어 영남가단을 형성하게 했다. 농암은 시조 작가로서 한국문학사에서 중요한 위치를 차지하고 있다. 그는 조선 초기 시가에서 조선 중기 시가로 발전하게 하는 기틀을 마련하였을 뿐만아니라 교량 역할도 수행하여 조선 시대 자연을 노래한 대표적 문인으로 평가받고 있으며, 한국문학사상 강호 시조의 주요 작가로 인정받고 있다.
　농암은 내외적으로 시련을 당했을 때 영호루에 올라 아프고 시린 마음을 달랬다. 만년에 분에 넘치게 안동부사로 부임하였다. 향교의 예전 흔적이 그대로 남아 유풍을 이어가고 역마을의 풍경도 시에 담았다. 오랜 세월 바쁘게 내우외환을 겪어 백발의 노인이 되었고 시야도 흐려지며 눈동자도 흐릿해져 버렸다.

길게 뻗은 예전에 즐겨 보았던 나무도 이제 많이 자라나서 자신처럼 고목이 되어 여기저기 마른 가지들이 흐릿하게 보인다. 지난 세월 회고하니 삼십년 이상 객지에서 지낸 것을 생각하니 마음이 슬퍼진다. 시인은 과거 회상을 통해 여위어가는 자신의 모습을 반추하며 애상에 젖었다. 노년을 맞아 다시 찾아온 영호루 감회를 담은 작품이다.

17. 영호루映湖樓 김안국金安國[34]

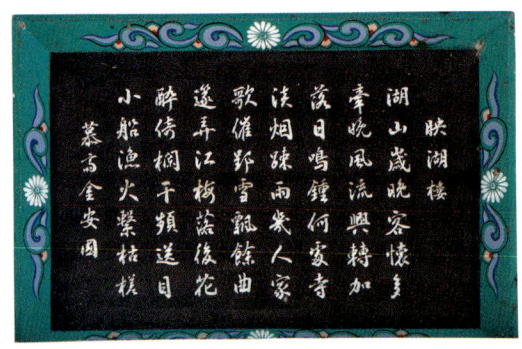

김안국, 영호루

호수 언덕에서 맞은 세모에 나그네 회포 많은데
늦게 즐긴 풍류의 흥취가 더욱 더해가네.
저녁 무렵 저 멀리 절에서 울리는 종소리 들리고
흰 안개 내려 비 오는 사이로 인가가 보이네.
초나라 표여곡을 부르기를 재촉하고

---

[34] 김안국(金安國 : 1478~1543) : 본관은 의성(義城). 자는 국경(國卿), 호는 모재(慕齋)이다. 시호는 문경(文敬)이다. 여주의 기천서원·이천의 설봉서원·의성의 빙계서원에 제향되었다. 저서로는 『모재집』·『모재가훈』·『동몽선습』 등이 있다. 편저로『이륜행실도언해』·『성리대전언해』·『농서언해』·『잠서언해』·『여씨향약언해』·『정속언해』·『벽온방』·『창진방』 등이 있다.

강가 매화에 앉은 눈을 희롱하며 피리 부네.

취한 채 난간에서 먼 곳을 보니

고기 잡는 작은 배의 불빛이 반짝반짝.

湖山歲晚客懷多　牽晚風流興轉加
落日鳴鐘何處寺　淡烟疎雨幾人家
歌催郢雪飄餘曲　笛弄江梅落後花
醉倚欄干頻送目　小船漁火繫枯槎

　김안국은 조광조·기준 등과 함께 김굉필의 문인이다. 도학에 통달하여 사림파의 선구자가 되었다. 1501년 생진과에 합격했다. 1503년에 별시문과에 을과로 급제하여 승문원 등용되었다. 이어 박사·부수찬·부교리 등을 역임하였다.

　1507년에는 문과중시에 병과로 급제하여 지평·장령·예조참의·대사간·공조판서 등을 역임했다. 1517년 경상도관찰사로 파견되어 각 향교에『소학』을 학습케 권했다. 아울러 농업과 풍속 교정에 필요한『농서언해』·『잠서언해』·『이륜행실도언해』·『여씨향약언해』·『정속언해』 등의 언해서를 간행하여 계몽 사업을 펼쳤다. 각종 질병을 예방하고 치료하기 위한『벽온방』·『창진방』 등을 간행하여 보급하였다. 그리고 향약을 시행토록 추진하여 교화사업에 주력하였다.

　1519년에 다시 한양으로 올라와 참찬이 되었으나 같은 해에 기묘사화가 일어나서 조광조 일파의 소장파 명신들이 죽음을 당할 때 겨우 화를 면하고 파직되어 경기도 이천에 내려가서 후진들을 가르치며 여생을 한가롭게 지냈다. 1532년에 다시 기용되어 예조판서·대사헌·병조판서·좌참찬·대제학·찬성·판중추부사 등을 역임하였다.

　1541년 병조판서 때에 천문·역법·병법 등에 관한 서적의 구입을 상소하였다. 물이끼[水苔]와 닥[楮]을 화합시켜는 털과 같은 이끼를 섞어서 뜬 종이를 만들어 왕에게 바치고 이를 만들어 보급할 것을 주장하였다. 그는 사대부 출신 관료로서 성리학적 이념에 의한 통치의 강화에 힘썼다. 중국문화를 수용하여 이해하기 위해 평생 심혈을 기울였다. 시문이 뛰어나 명성이 있었으며 대제학으로 죽은 뒤 인종의 묘정에 배향되었다.

세모에 영호루 언덕에 오른 나그네 서정을 표현하였다. 일행들과 함께 고즈넉한 풍류를 즐기고 있자니 흥취가 더해간다. 저녁 시간이 되어 멀리서 절간 종소리가 울려 나그네 심금을 자극한다. 겨울비가 내리고 뿌연 안개 사이로 인가가 조망된다. 객지에서 맞는 세모 정서와 여로 서정이 더해져 초나라 표여곡 부르기를 재촉한다.

그 사이 강가에 눈발이 나부끼고 심금을 울리는 피리 소리가 들려온다. 시인의 문학적 감수성이 발휘되었다. 취한 채 난간을 부여잡고 강물 위로 시선을 돌렸다. 낙동강 어부들의 야간 조업 광경을 말해주는 불빛이 반짝이는 정경을 담았다.

18. 영호루映湖樓　　권응인權應仁[35]

남쪽 고을 명승이 여기 다 모였나
푸른 나무 그늘 짙어 보기 더욱 좋구나.
숲속 절에서 청아한 종소리 울려 오고
고운 안개 낀 포구엔 물고기 잡는 집 몇 채.
반변천 석양은 구름 조각 사이로 비치고
한 무리 바람결에 꽃물결 겹치네.

---

[35] 권응인(權應仁 : 1517~1599) : 본관은 안동(安東)이다. 자는 사원(士元)이며 호는 송계(松溪)이다. 저서 『송계집』과 『송계만록』이 있다.

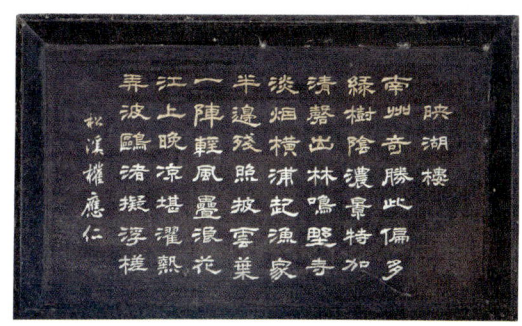

권응인, 영호루

서늘한 강물은 무더위를 씻어내고
강에 노니는 갈매기는 물에 뜬 뗏목 같구나.

南州奇勝此偏多　綠樹陰濃景特加
淸磬出林鳴野寺　淡烟橫浦起漁家
半邊殘照披雲葉　一陣輕風疊浪花
江上晚凉堪濯熱　弄波鷗渚擬浮槎

　권응인은 16세기 초에서 임진왜란 직전까지 활약한 인물로, 퇴계의 제자이며 시문에 능하였다. 서류 출신이어서 서얼 출신은 벼슬에 제한을 두는 것에 얽혀 벼슬은 겨우 한리학관 벼슬에 머물고 말았다.
　당대의 명문장가로서 1562년에 일본 국왕의 사신이 나온다고 했을 때 누구를 선위사로 하여 응접하게 하느냐는 문제가 거론되었다. 조정에서 "전 한리학관 권응인은 글을 잘하여 그에게 필적할 만한 사람이 드물다. 지금 본도에 있으니 청컨대 관찰사에게 글을 보내어 그로 하여금 역마로 달려 선위사의 행차에 끼어 좌우에서 일을 도와 급한 일을 구하는 자격으로 보냈으면 한다." 라는 의견이 나오자 명종은 이를 윤허했다는 일화는 유명하다.

권응인은 송대의 시풍이 유행하던 당시의 문단에서 그는 만당 시풍을 받아들여 큰 전환을 가져오게 했으며 시평에도 큰 업적을 남겼다. 그는 국내에서는 남명 조식을 당대 최고의 시인으로 꼽았으며 중국에서는 소동파의 시가 가장 우수하다고 평하였다.

문인 권응인에 대한 정평은 1725년에 정진교가 올린 상소문에서 '조선조에 걸출했던 서얼 출신 문인을 열거하는 가운데에 박지화 · 어숙권 · 조신 · 이달 · 정화 · 임기 · 양대박 · 김근공 · 송익필 형제 · 이산겸 · 홍계남 · 유극량 · 권정길 등과 함께 거론'될 정도였다. 『어우야담』· 『기문총화』· 『자해필담』 등에 그와 청천 심수경에 관한 일화가 수록되어 있다.

권응인은 영호루의 빼어난 경관에 감탄하였다. 남쪽 고을의 명승을 여기에 모두 모아둔 것 같다고 하였다. 누대 주변에 잘 자란 나무들이 울창한 숲을 이루었고 누대와 미적인 조화를 이룬다. 가려진 숲속에서 절간의 맑은 종소리 울리고 안개가 피어오르는 포구의 어촌도 정겹다.

반변천 위로 석양빛이 곱게 물들고 바람결에 강의 물결이 꽃무늬처럼 장식되었다. 섬세한 시인은 강 위에 펼쳐진 작은 움직임까지 모두 녹화하듯 모두 담아내었다. 서늘한 강물 위로 부는 바람은 누대 위 지친 나그네의 심신을 상쾌하게 하였다. 강물 위로 둥둥 떠다니는 물오리와 철새는 뗏목과 같다며 사실적으로 표현하였다.

19. 영호루映湖樓　　이황李滉[36]

나그네 시름 비 만나 더한데

가을 바람 부니 더욱 심란하여라.

---

[36] 이황(李滉 : 1501~1570). 본관은 진보(眞寶)이다. 자는 경호(景浩), 호는 퇴계(退溪) · 퇴도(退陶) · 도수(陶叟)이다. 사후 영의정에 추증되었다. 1609년 문묘에 종사되었으며, 안동 도산서원, 나주 경현서원, 괴산 화암서원 등 전국 40여 개의 서원에 배향되었다. 저서 『퇴계전서』 등이 있다.

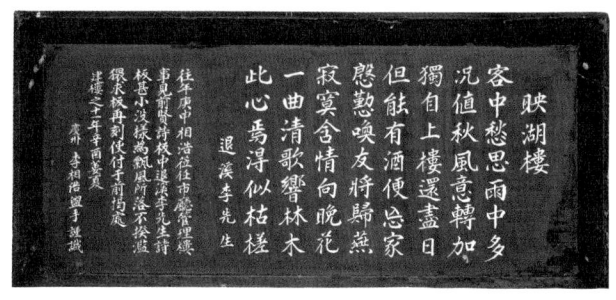

이황, 영호루

홀로 누에 올랐다 해져야 돌아오니
술을 마시며 집 그리움 잊는다네.
은근히 벗을 불러 돌아가는 제비는
쓸쓸히 정을 품고 때늦은 꽃을 향하네.
한 곡조 맑은 노래 숲속에서 들리나니
이 마음 어이해야 뗏목을 탈 수 있으려나.

客中愁思雨中多　況値秋風意轉加
獨自上樓還盡日　但能有酒便忘家
慇懃喚友將歸燕　寂寞含情向晚花
一曲清歌響林木　此心焉得似枯槎

　퇴계 이황은 이식의 7남 1녀 중 막내아들로 태어나 12세에 작은아버지 이우로부터 『논어』를 배웠다. 14세경부터 혼자 독서하기를 좋아했다. 1527년 향시에서 진사시와 생원시 초시에 합격하였다. 어머니의 소원에 따라 과거에 응시하기 위해 성균관에 들어가 다음 해에 진사회시에 급제하였다. 1534년 문과에 급제하고 승문원부정자, 1539년 홍문관수찬이 되었다.
　중종 말년에 조정이 어지러워지자 먼저 낙향하는 친우 김인후를 한양에서 떠나보냈다. 이 무렵부터 관계를 떠나 산림에 은퇴할 결의를 굳혔다. 1543년 10월 성균관사성으로 승진하자 성묘를 핑계 삼아 사가를 청해 고향으로 되돌아갔다. 을사사화 후 병약함을 구실로 모든 관직을 사퇴하였다.

1546년에 고향 낙동강 상류 토계리에 양진암을 짓고 독서에 전념하였다. 1548년에 단양군수가 되었다. 그러나 곧 형 이해가 충청감사가 되어 오는 것을 피해 부임 전에 자청해서 풍기군수로 전임하였다. 풍기군수 재임 중 안향이 공부하던 땅에 전임 군수 주세붕이 창설한 백운동서원에 편액·서적·학전을 하사할 것을 감사를 통해 조정에 청원하여 실현했다. 이것이 조선조 사액서원의 시초가 된 소수서원이다.

1년 후 퇴임하고 어지러운 정계를 피해 퇴계의 서쪽에 한서암을 짓고 심성공부에 주력하던 중 1552년 성균관대사성의 명을 받아 취임하였다. 1556년 홍문관부제학, 1558년 공조참판에 임명되었으나 그때마다 사양했다. 1543년 이후부터 관직을 사퇴했거나 임관에 응하지 않은 일이 20여 회에 이르렀다. 1560년 도산서당을 지었다. 이후 7년간 서당에 기거하면서 독서·수양·저술에 전념하는 한편 많은 제자들을 가르쳤다.

명종은 예를 두터이 해 자주 이황에게 출사를 종용하였으나 듣지 않았다. 이황의 명망은 조야에 높아 선조는 이황을 숭정대부 의정부우찬성에 임명하며 간절히 초빙하였다. 이황은 사퇴했지만 여러 차례의 돈독한 소명을 물리치기 어려워 마침내 68세의 노령에 대제학·지경연의 중임을 맡고, 선조에게 「무진육조소」를 올렸다. 이어 어린 선조에게 『성학십도』를 저술하여 올렸다.

1570년 노환을 겪다가 매화분에 물을 주게 하고 침상을 정돈시킨 후 일으켜 달라고 한 뒤에 단정히 앉은 자세로 세상을 떠났다. 선조는 3일간 정사를 폐하여 애도하였으며 대광보국숭록대부 의정부영의정 겸 경연·홍문관·예문관·춘추관·관상감영사를 추증하였다. 장사는 영의정의 예로 집행되었지만 산소에는 퇴계의 유언대로 자연석에 '퇴도만은진성이공지묘'라 새긴 묘비만 세워졌다.

가을철 나그네 서정을 그렸다. 복잡다단한 시대를 살아갔던 시인은 수심이 가득할 때 홀로 영호루에 올라와 시름을 달랬다. 해가 진 뒤에야 누대에서 내려왔을 만큼 영호루는 마음을 안정시켜 주는 곳이었다.

나그네 시름과 고향 집에 대한 그리움을 술로 달래는데 벗을 불러서 함께 돌아가는 제비 한 쌍을 보며 부러움을 느낀다.

그때 숲속에서 청아한 노래가 흘러나온다. 하지만 시인에게 그에 응할 만한 마음의 여유가 없었다. 경관이 빼어난 영호루에서 나그네 서정과 향수를 담은 작품으로 선비 학자의 품격이 함축되어 있다.

20. 영호루를 지나가다가 차운하며 過映湖樓次韻 구봉령具鳳齡[37]

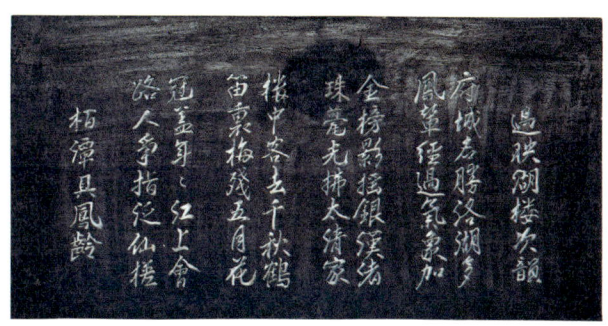

구봉령, 영호루를 지나가다가 차운하며

성안의 명승이 낙동호에 많으니

임금님 지난 곳에 좋은 기상 더하네.

금빛 현판 은하수 물가에 일렁이고

---

[37] 구봉령(具鳳齡 : 1526~1586) : 본관은 능성(綾城)이다. 자는 경서(景瑞), 호는 백담(柏潭)이다. 시호는 문단(文端)이다. 사후 용산서원에 제향되었다. 저서 『백담문집』이 있다.

붉은 기와 우연히 누각을 비추네.
누대 떠난 객은 천추의 학이 되었고
피리 소리에 매화 지고 오월 꽃 피네.
선비들 해마다 강 위에 모여 즐기니
이곳 사람 다투어 신선 뱃놀이 구경하네.

府城名勝洛湖多　鳳輦經過氣象加
金牓影搖銀漢渚　朱甍光拂太淸家
樓中客去千秋鶴　笛裏梅殘五月花
冠盖年年江上會　路人爭指泛仙槎

구봉령은 1546년에 사마시에 합격하였다. 1560년 별시문과에 을과로 급제해 승문원부정자·예문관검열·봉교를 거쳐 홍문관정자에 이르렀다. 1564년 문신정시에 장원하였다. 이어 수찬·호조좌랑·병조좌랑을 거쳐 1567년에 사가독서하였다.

이후 정언·전적·이조좌랑·사성·집의·사간을 거쳐 1573년에 직제학이 되었다. 이어 동부승지·우부승지·대사성·전라관찰사·충청관찰사 등을 거쳐 1577년 대사간에 오르고 이듬해 대사성을 거쳐 이조참의·형조참의를 지냈다. 1581년 대사헌에 오르고 이듬 해 병조참판·형조참판 등을 지냈다.

구봉령은 한때 암행어사로 황해도·충청도 등지에 나가 흉년과 기근으로 어지러운 민심을 수습하였다. 당시 동서의 당쟁이 시작될 무렵이었으나 중립을 지키기에 힘썼다. 시문에 뛰어나 기대승과 비견되었다. 천문학에도 조예가 깊어「혼천의기」를 지었다. 만년에 정자를 세워 후학들을 양성하였다.

안동 고을 명승이 낙동강 일대에 즐비하다. 공민왕의 몽진 역사가 스민 곳이어서 좋은 기상이 더해지고 하사한 친필 현판도 빛을 발한다. 금빛 글자가 은하수 빛과 닿아있고 붉은 기와는 누각을 비추고 있다.

누대를 다녀갔던 셀 수 없이 많은 시인들이 세상을 떠났지만 그들의 남긴 시문은 게판이 되어 남아 있다. 역사를 회고하는 회고 서정이 반영되어 있다. 어디선가 들려오는 피리 소리에 매화가 지고 오월의 꽃은 떨어진다. 선비들이 해마다 이 누대에 올라 멋진 풍광을 즐기거나 선유를 즐기기 때문에 안동 고을 주민들은 매년 그 풍류놀이를 즐긴다. 멋과 풍류의 안동 고을 주민 생활풍속를 그렸다.

영호루 기문 산책

1. 이색 찬서 李穡讚序　　이색 李穡[1]

지정至正 신축년(1361) 겨울에 조정이 남쪽으로 복주에 파천했다가 군사를 출동시켜 북쪽으로 몽고군을 토벌하고 이듬해 서울에서 도적들을 섬멸하였다. 이에 복주를 안동대도호부로 올렸으니 이는 그 옛날을 회복함이며 기쁨을 기록한다.

병오년(1366) 겨울에 공민왕께서 서연書筵에 계시다가 '영호루' 세 글자를 크게 써서 정순대부正順大夫 상호군上護君 신臣 홍경興慶에게 교지를 전하도록 명하셨고 봉익대부奉翊大夫 판전교시사判典校寺事 신臣 사복思復을 불러 그에게 대면하여 글씨를 하사하셨다.

당시 안동의 판관 조봉랑朝奉郎 신臣 자전子展이 아전들과 의논하여 누대의

---

[1] 이색(李穡 : 1328~1396) : 본관은 한산(韓山)이다. 자는 영숙(穎叔), 호는 목은(牧隱)이다. 포은(圃隱) 정몽주(鄭夢周), 야은(冶隱) 길재(吉再)와 함께 삼은(三隱)의 한 사람이다. 장단(長湍)의 임강서원(臨江書院), 청주의 신항서원(莘巷書院), 한산(韓山 : 현재 충청남도 서천)의 문헌서원(文獻書院), 영해(寧海 : 현재 경상북도 영덕)의 단산서원(丹山書院) 등에 제향(祭享)되었다. 시호는 문정(文靖)이다. 저서『목은문고』와『목은시고』등이 있다.

제도가 소박하여 임금님의 하사품을 벌여놓지 못할까 두렵다고 하고 이에 날을 정하여 강물 가까이에다 더욱 넓히니 그 제도가 더욱 크고 전망이 확 트였다.

신 사복은 신에게 그 까닭을 갖추어 말하고 또한 기문을 써달라고 청하였다. 신은 말하기를 "영호루의 기문을 쓰는데 글재주는 없지만 나 스스로 느낀 바가 있다. 주상께서 복주에 계실 때 일찍이 이 누대에 납시었는데 신은 모시는 신하로 실제로 따라갔다. 그러나 당시처럼 경계하던 마음은 게을러지고 또 잊혀진 지 오래되었다. 아, 임금님께서 안동을 못 잊어 돌아보심이 여기에까지 이르셨는데 신이 어찌 마음에 부끄럽지 않겠는가?" 이에 고루함을 잊고 손을 올려 절하고 머리 숙여 절하며 찬한다.

저 신령스런 은하수
성인께서 법칙을 지으셨네.
마음과 글자의 획이
한결같이 바르고 곧았도다.
붓이 손에서 움직이니
문장이 하늘로부터 이루어졌네.
신의 변화와 묘한 조화
그러한 이치를 알지 못하겠네.
산 섶의 가지가 꺾여지니
저 학자들이 곤궁해졌네.
엎드려서 감탄하고 놀라니
구슬 같은 땀이 흘러내리네.
오직 이 안동 땅은
우리 모두 다시 흥한 곳일세.
세 큰 글자를 쓰니

거나라를 잊지 말아야 함을 보이심일세.

햇볕이 가운데 있으니

용이 와서 둘렀네.

하늘을 오르고 내리고

물새가 여기에 비치네.

구름과 산천이 경관을 고쳤으니

산과 시냇물 한 층 더 수려하네.

부로들이 머리를 조아리며

만세수를 올리네.

평안함과 위태함은

환난 생각하면 필경 번창하리라.

복주 사람을 사사로이 하지 말지니

세상의 상도를 지켰도다.

세상을 지킬 뿐만 아니라

나라에 충성하길 권했다네.

신이 절하옵고 찬을 지어

신하들에게 아뢰겠나이다.[2]

이색의 부친은 찬성사 이곡이다. 그는 명문가 후손으로 당대 명문 이제현의 문인이다. 그는 원·명 교체기 때 천명이 명나라로 돌아갔다고 보고 친명

---

2 "至正辛丑冬 國家南徙福州 出師北討 明年遂殲賊于京城 陞福爲安東大都護府 蓋復其舊 且以志喜也 歲丙午冬 上在書筵 大書映湖樓三字 命正順大夫上護軍臣興慶傳旨 召奉翊大夫判典校寺事臣思復入面授之 時判官朝奉郎申子展 與吏議樓制桷樸 恐無以侈上之賜 於是 剋日增廣盆近水 其制盆閎敞矣 臣思復白語臣其故 且請記 臣謂記樓 雖不能 臣獨有所感焉 上之在福也 嘗幸斯樓 臣以侍臣實從之 然當時之戒心 怠且忘之久矣 於戲 上之所以眷顧安東者 至此 臣寧不愧於心乎 是用忘其固陋 拜手稽首而爲之讚曰 倬彼雲漢 聖人作則 維心與劃 一是正直 筆動于手章成自天 神變妙化 莫知其然 屈折生柴 彼困學者 俯伏嘆驚 潘汗流下 維此安東 我重興所 作三大字 示不忘苢 日光在中 龍來繞之 上天下天 水爲照之 雲物改容 山川增秀 父老稽首 上萬歲壽 維安維始 思患必昌 匪私福人 保世之常 匪維保世 亦以勤忠 臣拜作讚 用告臣人."

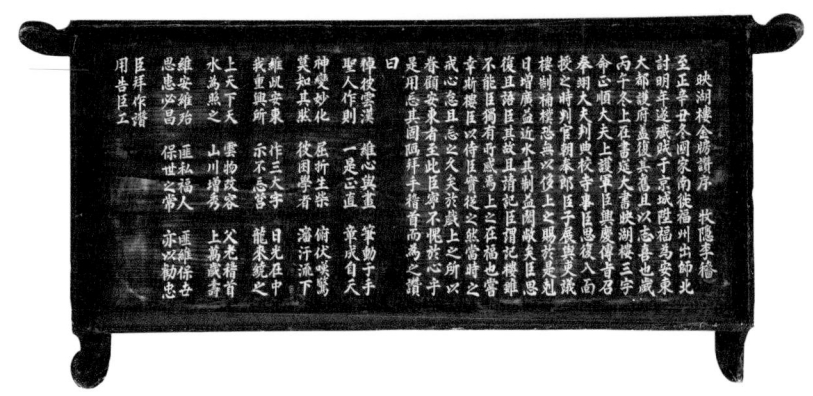

이색 찬서[李穡讚序] 게판

정책을 지지하였다. 또 고려 말 신유학이 수용되고 척불론이 대두되는 상황에서 유교의 입장을 견지하여 불교를 이해하고자 하였다. 불교를 하나의 역사적 소산으로 보고 유·불의 융합을 통한 태조 왕건 때의 중흥을 주장했다. 불교의 폐단을 시정하는 것을 목적으로 하는 척불론을 강조하였다.

이색의 문하에서 고려왕조에 충절을 지킨 명사와 조선왕조 창업에 공헌한 사대부들이 많이 배출되었다. 정몽주·길재·이숭인 등 제자들은 고려왕조에 충절을 다하였으며, 정도전·하륜·윤소종·권근 등 제자들은 조선왕조 창업에 큰 역할을 하였다. 이색·정몽주·길재의 학문을 계승한 김종직·변계량 등은 조선 초기 성리학의 주축을 이뤘다.

영호루 역사를 개관하면서 공민왕의 몽진과 금빛 게판 하사와 중수 과정과 기문 작성 동기를 설명하였다. 공민왕을 후대한 안동 고을 인심의 후덕함과 안동대도호부의 영광스럽던 과거를 회상하면서 그러한 정신을 후세에 이어가길 축원하였다.

2. 김종직 기金宗直記[3]

영호루는 영가의 이름난 누대로 주변 강과 산의 경관이 뛰어나다. 규모는 진주의 촉석루나 밀양의 영남루에 양보해야 할지도 모른다. 하지만 낙동강에 세워진 상산의 관수루나 일선의 월파정은 이 영호루와는 우위를 다툴 수 없다.

고려 공민왕이 홍건적을 피해 남쪽으로 가시다가 안동 고을에서 어가를 멈추어 이 누대에 노닐면서 즐기다가 환도하신 뒤에 서연에 납시어 손수 누대의 현액으로 큰 글씨 세 글자를 써서 하사하셨다. 이 고을 사람인 통판 신자전이 누대의 제도를 더 크게 하여 현액을 걸었는데 현재까지 지붕과 마룻대 사이에서 빛을 발하고 있다. 이는 촉석루나 영남루에는 없는 것으로 신자전이 누대를 지은 지 이제 백여 년이 넘는다. 그동안 수령들이 영호루의 기둥과 서까래, 마룻장과 헌함의 썩고 흔들리는 것이나 지붕의 기와와 계단의 벽돌 떨어진 것, 뚫어진 것을 여러 번 수리했다. 그러나 사람의 마음은 한결같지 않다. 인사를 곡진하게 닦는 체하는 자는 윗사람에게 뇌물을 바치고 문안을 드리기에 급급하고 한낱 규모만 지키는 자는 장부와 문서, 회계를 다루느라 겨를이 없다.

나와 동갑인 제안후 김질이 어사중승으로부터 이 고을의 수령으로 오더니, 두어 해가 채 못되어 정치는 밝게 드러나고 사람들은 화합하며 해마다 풍년이 들었다. 토지와 노비에 대한 소송은 온 도내의 사람들이 감사에게 진정서를 내어 김질에게 가서 판결받기를 원하였다.

뒤에 매번 양편을 판결할 때에는 아침 일찍부터 밤늦게까지 신중히 따져보고 결정하니 승소한 자나 패소한 자 모두 만족해하였다. 이로 말미암아 판결료로 받은 돈과 베가 창고에 차고 넘쳤다. 이에 김질이 아전과 백성들에게 의논하여 이 누대를 중수하기로 결정하였다.

드디어 무신년 3월 모일에 일없이 놀고 있는 사람들을 불러 모으고, 이방과 호방

---

[3] 김종직(金宗直 : 1431~1492) : 본관은 선산(善山)이다. 자는 효관(孝盥)·계온(季昷), 호는 점필재(佔畢齋)이다. 시호는 문간(文簡)이다. 저서로『점필재집』·『유두유록』·『청구풍아』·『당후일기』, 편저『일선지』·『이존록』·『동국여지승람』등이 전해지고 있다.

에게 교대로 감독케 하였다. 터는 옛 그 자리에 잡고 면적의 척수는 다소 더하거나 감한 것이 있다. 높이와 넓이는 종래의 것보다 3분의 1을 더하였다. 붉고 희게 장식하는 것과 금빛을 올린 현액은 빛나고 밝아서 모양을 바꾸었다. 두어 달을 넘어 공사가 완성되니 온 고을 백성들은 늙은이나 어린이 할 것 없이 모두 쳐다보며 놀라워하고 기뻐했다.

이듬해에 김질이 나에게 편지를 보내 '기문을 작성해 주시기 원합니다.'라고 하였다. 나는 역량을 스스로 헤아리지 않고 담암 백문보, 목은 이색 두 분 노 선생이 지은 기문 사이에 이름을 나란히 남기게 된 것을 기뻐하여 붓을 잡고 감탄하여 말하기를, "김후의 정치는 청렴하고 공명하며 까다롭지 아니하고 법도로써 모든 일을 처리한다. 인사를 곡진하게 하는 체하는 자는 개나 돼지처럼 비열하며 규모만을 지키는 자는 사환처럼 하는데 비해 김질은 아전과 백성을 사랑하고 공경한 것이 하며 중국 한 나라의 명관으로 발해 태수 역임한 공수龔遂나 와 중국 한 나라의 명관으로 영천 태수 역임한 황패黃覇를 천백 년 뒤에 다시 만나는 것 같다.

그가 이 누대를 위해 공을 일으키는 것은 넉넉하지 않겠는가? 더구나 옛날부터 순후한 풍속을 지닌 고장으로 이 고을 만한 데가 없으니 주민들도 다스리기 쉬울 것이다. 이 누대를 중수한 것은 편안히 놀기 위함이나 후세의 칭송을 받기 위해 위함이 아니다. 옛 법도를 실추시킴을 지양하는 그 이상의 의미가 있다.

문득 나는 느낀 바가 있다. 옛날 성화成化 초년에 나는 몸이 군군관계의 직무에 소속되어 두 해 동안 울산의 융막에 종사한 적이 있다. 일찍이 일이 있어 이 고을을 왕래한 것이 한두 번 아니었다. 오기만 하면 반드시 이 영호루 올라 노닐면서 멀리 바라보며 감상하였다.

동쪽 30리 떨어진 곳은 청송이다. 사록沙麓의 상서로운 구름이 왕성하게 하늘에 이어져 있으니 곧 주실周室 유태有邰의 경사로움처럼 청송 심씨의 집안에서 왕비가 배출되어 그 명성이 장구하리라.

북쪽 10리 떨어진 곳은 병산이다. 견훤의 1천 군사가 험한 곳을 점거하고 있었지만 결국 궤멸되어 달아났고 거짓 장수는 머리를 바쳤다. 왕건의 의기가 동남에 크게 떨치게 된 것은 이 싸움에서 징조가 드러났다.

서쪽으로 풍악을 바라보니 원봉이 먼저는 귀순하고 뒤에는 배반하여 6명의 태사와 더불어 공명을 누리지 못한 것을 슬퍼한다.

남쪽으로 갈라산을 바라보니 푸른 봉우리가 하늘을 떠받쳤다. 안개와 구름과 초목이 완연히 김생이 글씨 배울 적에 붓을 휘두르고 먹을 뿌리던 남은 기세를 띤 것 같다.

왕래하는 것이 싫증나면 배를 띄우고 노에 맡겨서 굽어나온 땅과 굴곡진 물가를 거슬러 올라가다가 떠내려가곤 했다. 때로 밤이 되어 흥이 다할 무렵 돌아오곤 했다. 모든 누대의 좋은 경치는 왼쪽이나 오른쪽에서 만날 수 있어 감상하는 바가 많았다.

그로부터 이미 20년이 지났지만 여전히 잊을 수 없는 추억이 가슴에 맴돈다. 김질의 임기가 차기 전에 내가 안동 고을로 가게 된다면 하인 한 사람과 말 한 필의 간편한 차림으로 다시 이 호수에서 노닐며 김질과 함께 누대에 올라가 옛일을 회상하며 시를 지어 고을 백성들의 좋아하는 칭송에 이을 수 있을 것이다.[4]

---

4 "映湖 永嘉之名樓也 其江山塊偉之觀 或讓於晉之矗石密之嶺南 然而同居洛水之岸 在商山曰觀水樓 在一善日月波亭 殆不能與斯樓爭甲乙焉 高麗恭愍王 避紅巾南奔 駐驆于州 遊是樓而樂之 旣還都 御書筵 手寫樓額三大字以錫 州人通判甲子展 增大樓制以揭之 至今輝映于甍棟間 此則矗石嶺南之所無有也 子展之作 距今百有餘年 其間守宰 豈無治其楹桷板檻之朽撓者蓋瓦級甎之穿缺者 然人心不同 曲修人事者 苞苴間遣之爲急 徒守規模者 簿書期會之不暇 孰肯用力於修擧廢墜 以漂吾所畜之財用乎 樓之日以頹圮 無足怪已 吾同年奢安金侯臺 由御使中丞輔 左符于玆 未數年 政通人和 仍歲穰熟 且田土藏獲之訟 一道之人 投牒監司 願歸于侯 侯每當二分之際 夙夜裁決 伸者負者 俱滿其意 由是 收質之錢布 充溢帑藏 侯於是 謀諸吏民 改搆斯樓 遂以戊申三月日 召募游手 輪役吏戶 基地則因舊而尋引丈尺 頗有增損 其崇廣 頓加三之一 至其赤白之飾金泥之榜 亦煥耀改觀 才閱數月 而厥功已就 州民耆幼 瞻仰咨嗟 咸以爲神焉 越明年春 侯抵書於僕曰 願有述焉 僕輒不自撰 竊喜與淡菴牧隱二老 聯名其間 遂操觚而嘆曰 侯之爲政 廉平不苟動以法度 其視曲修人事者 不啻若狗彘 其徒守規模者 不啻若僕隷 吏民愛而敬之 如見龔黃於千百載之下 其爲一樓而興功 豈不有餘裕哉 況古來稱淳厚之俗 無如是州 其民可以易使乎 況是樓之修 非爲逸遊也 非爲後世名也 只毋墜舊規而止乎 抑僕益有所感矣 昔成和初 身屬韃鉞 從事于蔚山戎幕凡二朞 嘗以事往來是州 非一二 遭至則必登是樓 徜徉瞻睇 其東三十里 卽靑鳧之境也 莎麓祥雲 藹藹屬天 直與周宋 有郃之慶 同其久長 其北十里 則甁山也 逆萱千騎 扼于險阻 遂至崩奔 爲將授首 王氏之義氣 大振于東南 此戰亮之兆也 西望豊岳 哀元逢之先順後悖 不得與六太師 共享功名 南望葛那山 蒼翠控空 其烟雲草木 宛對金生學書揮灑之餘勢焉 徒倚旣倦 必泛舟信棹 灣椅曲渚 遡迴上下 或至夜分 興盡而旋 凡樓之勝賞 左右逢原而所得者 多矣 今已二十餘年 尙耿耿往來于胸中也 倘使侯之大滿 獲遂余南還之計 則當以單僮匹馬 再遊湖上 與侯登樓賦詩

김종직 기[金宗直記] 게판

    영남사림파의 종장 김종필의 명문이다. 영호루가 규모상 촉석루와 영남루에 비해 조금 작지만 승경은 관수루와 월파정에 비교가 안 될 만큼 우월하다고 했다. 공민왕의 친필 하사, 신자전이 중수한 내력과 이후 여러 안동 고을 수령들이 보수하며 그 명맥을 이어온 내력을 언급했다.

    김질이 이러한 영호루를 중수하고 나서 김종직에게 기문을 청하였고 김종직 자신도 과가에 이 영호루에 올랐던 감회를 서술하였다. 동쪽으로 청송, 북쪽으로 병산, 서쪽으로 풍악산, 남쪽으로 갈라산까지 조망하면서 안동 고을의 번영과 순후한 인심이 이어지길 축원하였다.

3. 이집두 중수상량문 李集斗重修上樑文[5]

    여기저기 산

    강물은 출렁출렁

  以續夫州民之輿頌云."
[5] 이집두(李集斗 : 1744~1820) : 본관은 경주(慶州)이다. 자는 중휘(仲輝), 호는 파서(琶西)이다. 벼슬은 예조판서(禮曹判書)에 이르렀다.

만 이랑 흰 물결 넘실거리네.
누대는 흔들흔들
땅은 넓고 넓어
백 년 만에 중수했다네.
맑은 물결에 배 띄우고
가벼운 누각의 단청 빛
물결 따라 흐르네.
좌우를 비춰주니
빈 누대엔 흰 기운 오르네.

이곳 고창의 옛 고을을 살펴보건대 본래 영남 좌도의 큰 고을로 일컬어진다, 태백산의 중간 가지가 구불구불 뻗어서 빽빽하게 용처럼 서려있다. 오륙백 리 낙동강 상류의 빼어난 경치가 벌집처럼 나열해 있다. 그리고 일만이천 호가 긴 숲을 안고 돌아서 호수를 이룬다. 맑은 물에 다다라서 은은하게 터가 보이는데, 텅 비고 맑은 물이 고여 거울 속에 만 가지 형상을 담아놓은 것 같다. 전망은 맑고 트였으며, 그림 속에 봉우리를 끌어들인 것 같다.

강에 인접한 물가에 터를 잡고 급기야 영호루를 세워 먼 산으로부터 태양을 맞아들이니, 붉은 난간이 물에 거꾸로 비쳐 먼저 가까운 물에서 달을 찾게 된다. 비취색 기와는 물에 비쳐 흐르는 것과 같아 진주의 촉석루와 밀양의 영남루의 오묘한 자태보다는 못하지만, 상산의 관수루나 영천의 서봉루 역시 번화한 부분에 대해서는 이보다 못하다. 일 년 내내 풍경이 무궁하며 천년의 옛 유적들은 서술할 만하다.

공민왕께서 친히 하사하신 세 글자는 세월이 흘러가도 오래오래 남아 있으며, 쾌주 우탁의 사운 맑은 시도 서까래와 함께 썩지 않았다. 수증기가 오르고 물결에 휩쓸려도 악양루의 높고 트인 것과 짝할 만한 누대가 없고, 만물이 바뀌고 세월이 흘러 등왕각이 세워지고 허물어진 게 그 몇 번이었던가?

목은 이색의 찬과 점필재 김종직의 기문에서 전후의 일이 매우 빛난다. 부사 신공이 세우고 맹공이 중수했는데, 그 가운데 누대가 흥하고 쇠해진 일이 역력히 드러난다. 불행하게도 현익년玄黓年[1792]에 대홍수에 휩쓸려 또 황학루가 스스로 쇠퇴해진 것처럼 되고 말았었다. 하늘을 뒤흔드는 흙탕물이 산을 무너뜨리는 기세로 덮쳐 터를 깎아버리는 형세를 막을 수 없었다. 그리고 땅의 거대한 돌마저 뽑혀지고 뒤집혀져서 몽땅 휩쓸어버리는 재앙을 만나 한 고을의 빼어난 경치가 일시에 사라지고 옛터만 남아서 지나가는 길손은 탄식만 한다.

당시에 내가 가까운 고을 수령으로 나갔다가 이 고을로 부임하자 강호에서 노니는 것과 조정의 일 둘 다 아득히 잊어버리고 감히 '천하를 위해 즐거움을 뒤로 하고, 천하를 위해 우선 수고한다.'고 다짐했다. 그러나 천석고황에 대한 일념으로 지나치다고 하면서도 때로는 뜻대로 했다.

세 번째 무신년에 중건했으니, 어찌 우연한 일이겠는가? 병자호란·임진왜란도 서로 기다린 것처럼 부합되었다. 급기야 장인들을 모으고 비용을 계산했다. 그리고 날을 정하고 기초를 닦아서 경영하고 계획하자, 소문을 듣고 남녀들이 서로 기뻐하며 여기저기에서 도끼질하고 톱질하여 기한을 따라 귀신처럼 옮기되 묵묵히 마음으로 경륜했다.

고을의 옛 누대 터에 임하여 증축했는데, 눈앞의 광경이 잘 드러나게 하였다. 호수를 마주한 작은 정자가 먼저 나타났고, 산은 더욱 높고 강물은 더욱 맑았다. 그래서 물색이 바뀌지 않았다. 선비들은 '때에 맞다'고 했으며, 백성들은 '즐겁다'고 했다. 공사일에 다투어 와서 빠르기가 하루가 덜 되어 지어진 것 같았다. 그것을 바라다보면, 땅이 없이 서 있는 것 같고, 기둥이 물밑에 거꾸로 비친다. 단청 색깔이 거듭 새롭게 되었으며, 화려한 현판도 다시 처마 사이에 걸리자 모습이 옛날과 같게 되었다. 고기와 용이 출몰하여 흡사 용궁이 물에 빠져있는 것 같았다. 갈매기와 오리가 어지러이 날아올랐고 채색한 무지개가 물속에 잠겨있는 것 같아 놀라웠다.

어찌 다만 때로 나와서 보며, 수고롭고 편하기를 인색해 할 것인가? 아니면 또한 기생들과 음악을 준비하여 술잔치를 펼 것이다. 소호蘇湖의 맑은 물결과 성대한 치장은 온통 물과 하늘이 한 가지 색이요, 유주柳州의 푸른 산이 둘러쌓이고 맑은 물이 감돌아 흐름은 부끄럽게도 사람과 땅이 서로 만나지 못한다. 백발의 늙은 얼

굴로 누가 태수의 즐거움을 알리오? 푸른 산과 물이 길이 이 누대의 명성을 전달함에 짧고 간략히 서술하여 대들보를 세우는데 일조하고자 한다.

들보를 동쪽으로 던짐이여,
난간 밖 동쪽에서
상서로운 기운 붉게 빛나네.
태양은 장안을 비춰
머리 돌리니 가깝고
봉래를 채색 구름 가운데서 만난 것 같구나.

들보를 서쪽으로 던짐이여,
물가의 난초 자란 언덕에
국화도 이슬에 흠뻑 젖었네.
누대 머리의 나그네 시름은
서늘한 물 같구나.
옥같은 누대에선
삼경에 꿈마저 아득하여라.

들보를 남쪽으로 던짐이여,
남극성은 달처럼
물속에 담겼고
이 몸은 잠 못 이룬 채
밤새도록 서성이네.
손 모아 절하며
아득히 만세 삼창하노라.

들보를 북쪽으로 던짐이여,

항상 북두칠성을 의지해
서울쪽 바라 보도다.
관기들은 노래 불러
임금님 은총에 감격하고
이 몸의 미미한 정성
성은을 칭송하도다.

들보를 위로 던짐이여,
구비치는 강물과 숲은
고운 자태 더욱 드러내네.
때때로 축하하는 제비는
가벼운 물결 차도다.
호수 그림자 누대까지 올라
서로 출렁거리네.

들보를 아래로 던짐이여,
난초 돛대가
강 가운데 흩날리네.
하늘 멀리 세모에
누굴 생각하는고?
호숫가 아가씨들
두약을 따는구나.

상량한 뒤로
백성들 풍속 순화되고
해마다 풍년 들었네.
부지런히 일하여

봄에 씨 뿌려 가을에 거둬들였네.
자기 땅을 일구고
집안 잘 다스렸다네.
남쪽은 병풍이요
북쪽은 견고하여라.

산 밖에 산이요
누대 밖에 누대 펼쳐졌네.
푸른 저고리에
붉은 치마 입은 미인들
즐거이 태평 시대 신곡을 부르고
붉은 깃발과 비취색 일산의 나라님
머물면서 풍화가 일어남을 보셨다네.

공손히 읍지에 보태어
성대한 유적을 길이 남기리.
빼어난 경치를 더해주느라
흐르는 강물 쉼 없으리.[6]

    이집두의 중수상량문이다. 영남 좌도의 큰 고을인 안동의 빼어난 자연 경관을 개요하면서 문학적 정감을 담아 사실적으로 표현하였다. 공민왕의 친필

---

6 "山點點 水溶溶 一碧萬頃 樓搖搖 地撲撲 百年重修 泛淸漪而飛閣流舟 映左右而虛室生白 眷玆 古昌古郡 素稱嶺左雄州 太白之中技蜿蜒鬱龍蟠 五六百里洛東之上流形勝 列蜂房 萬二千家 抱 長林而滙 以爲湖 臨淸流而隱 若有址 虛明渟滀 涵萬象於鏡中 爽豁平夷 抱群巒於畵裏 爰卜臨 江之渚 遂開映湖之樓 賓出日於遙山 朱欄倒影 先得月於近水 翠瓦欲流 晉蠡石密嶺南 旣皆逐其 溫藉 商觀水永接鳳 亦多讓於繁華 四時之風景無窮 千年之古蹟可述 恭愍王之三字寶墨 閱滄桑 而長存 禹祭酒之四韻淸詩 與楊梅而不朽 氣蒸波撼 岳樓之軒敞寡仇 物換星移 滕閣之成毁幾度

이집두, 영호루

하사와 역동의 게판시, 목은과 점필재의 명문 게판 내력과 1792년 대홍수로 영호루가 유실되고, 이후 다시 복원까지의 우여곡절을 기술하였다.

 동쪽으로는 상서로운 구름이 빛나고 채색 구름 가운데서 봉래산을 만난 듯하며, 서쪽으로는 물가의 난초 자란 언덕과 국화는 나그네 시름을 덜어주고 고운 누대에서 잠들면 아늑한 꿈을 꿀 수 있을 것 같다.

 남쪽으로는 남극성이 물속에 비쳐 나그네의 마음을 산란케 하여 잠을 설치

牧隱讚佔 僅記 前後之事 實斑斑 申侯建 孟公修 中間之興廢歷歷 不幸玄黙之大漫 又見黃樓之自頹 掀天之濁浪崩滕 莫遏豁趾之勢 拔地之巨石顚倒 鬵成滅頂之災 一州之勝狀雲空 遺墟指點 千秋之往事水白 過客差傷 時余出自邇斑 來守兹土 都雨忘於江湖廊廟 敢云後樂而先憂 尙一念於泉石膏肓 不許擧贏而時詘 三戊申之重建 夫豈偶然 兩丙辰之適符 若有待者 遂乃召匠而許貴 於焉 卜日而開基 營之經之 聞風聲而男欣女悅 斧彼鉅彼 趁期限而鬼運神輸 黙運心上經綸 臨洲之舊址 增築領略 眼前光景 對湖之小亭先開 山益高 水益淸 物色不改 士曰時 民曰樂 工役爭趁 翼然若不日而成 望之如無地而起 畫棟倒映於波底 丹艭重新 華繡 更揭於楣間 面目依舊 魚龍出沒 訝見闚之沒流 鷗鷺紛飛 驚彩虹之飮水 奚但時遊觀而節勞逸 抑亦儲妓樂而陳壺觴 蘇湖之澹沫濃粧 渾是水共天一色 柳州之榮靑繞白 愧非人與地相遭 白髮蒼顔 誰知太守之樂 靑山綠水 長傳此樓之名 短引略疏 脩樑助擧 拋樑東 檻外扶桑瑞旭紅 日下長安回首近 蓬萊如見五雲中 拋樑西 汀蘭岸菊露凄凄 樓頭客意涼如水 玉宇三更夢欲迷 拋樑南 壽星如月海中涵 小臣不寐通宵立 拜水遙呼萬歲三 拋樑北 常時倚斗望京國 官娥鮮唱感君恩 一片微誠星拱極 拋樑上 環滁林壑多殊狀 時時賀燕蹴輕波 湖影上樓相蕩漾 拋樑下 蘭檣伊軋中流瀉 天涯歲暮云誰思 湖女相將採杜若 上樑之後 民俗熙皡 年穀豐登 業勤東作西成 田爾田 而宅爾宅 地似南屛北固 山外山 而樓外樓 綠袖紅裙 爭傳樂昇平之新曲 朱艪翠盖 頻駐觀風化之上 資添邑誌 而盛蹟長留 護勝景 而流水不盡."

게 하며, 북쪽으로는 북두칠성 반짝이며 한양을 그립게 하고 주상의 은총에 감동한다. 위로는 제비가 날고 강물 위에 숲과 누대가 아름답게 반사되며, 아래로는 강물 위 작은 배에서 두약을 따는 아가씨들의 정감 어린 모습이 비친다.

상량한 뒤로 이 고을 민심이 더욱 순화되고 해마다 풍년이 들어 모두가 행복한 대동의 세상이 열리리. 산과 누대와 강물이 아름다운 이곳에 태평성세를 축하하는 흥겨움이 그치지 않으리. 안동 고을을 적시며 흘러가는 저 강물처럼 복된 안동 고을에 행복과 평화가 끝없이 이어지리.

하늘에서 본 영호루와 안동

갓 쓰고 양복 걸친 영호루

영호루는 800년이 넘는 역사와 공민왕 친필이 걸려 있는 명루이다. 창건 이후 늘 시인묵객의 사랑을 받았다. 현재 우탁·길재·정몽주·권근·이현보·이황 등 명현 석학들이 이 누대에 올라와 승경을 감상하고 남긴 한시 작품이 게판되어 있다.[1] 누각 정면에는 박정희 대통령의 한글 제액이 있고 북쪽에는 공민왕의 어필 현판이 걸려 있어 영호루는 영남루·촉석루·광한루 등과 함께 한국 최고의 명루임을 증명해 준다.

숱한 우여곡절을 겪고 현재까지 그 위용을 자랑하고 있다. 하지만 독보적인 위상에 비해 이에 대해 온당한 평가는 주어지지 못하고 있다. 예를 들면, 밀양의 영남루는 보물로 지정되었으며 진주의 촉석루도 경상남도 문화재자료로 지정되어 있다. 하지만 영호루는 그렇지 되지 못하고 있다.

이러한 원인은 건물 기둥이 콘크리트로 되어 있고 난간이 쇠파이프로 되어 있는 점 등이 문화재 전문 위원들로부터 지정 과정에서 제대로 평가받지 못

---

[1] 지면 제한으로 영호루 게판 시를 일일이 수록하지 못했다. 추후 게판된 시들을 게판순이나 연대별로 재정리하여 한글로 쉽게 풀이한 책을 출간할 계획이다.

철근과 시멘트로 지은 영호루

한 탓이라고 본다. 아직도 늦지 않았다. 이제부터 영호루 본래의 고유한 면모를 되살리고 명성을 회복하는 일에 앞장서야 한다.

영호루는 애당초 모습으로 회복되어야 한다. 철근과 시멘트로 구조된 건물을 벗어나 목조식 건물로 원형 복원하여야 한다. 지붕은 부분적으로 기와를 입혀 전통 방식을 취하긴 했지만 그 외 서까래와 기둥 등은 쇠붙이와 콘크리트로 구조되어 있다. 영호루의 현재 모습은 '갓 쓰고 양복 걸친 누각'이다. 철근과 콘크리트 구조물은 격에 맞지 않다.

안동댐과 임하댐이 든든히 버티고 있어서 영호루는 이제 유실의 위기를 맞을 필요가 없다. 원래대로 복원하려면 원래의 위치로 이건해야 한다. 대교를 건너지 않아도 강변 도로와 연결되기에 접근성도 좋다. 현재 영호루 위치에서 안동 도심부 낙동강 건너편인 원래의 위치에 목조건물로 새로 지어야 한다.

그에 따라 영호루는 예전 안동대도호부의 명성을 찾을 수 있을 것이다. 새로 지을 영호루에 게판될 한시도 시대순으로 배열하고 상시 안내 요원을 배치하여 안내와 관리를 전담케 하면 더욱 좋을 것이다. 기존 영호루는 새로운 문화 공간으로 활용하면 될 것이다.

이로써 영호루는 명성과 품격에 걸맞게 새로 태어날 것이다. 지방문화재뿐만 아니라 국가적 문화재산으로 재평가받을 수 있도록 모두 관심을 모아야 한다. 이에 대해 안동 시민 모두가 힘을 모아야 한다. 이는 안동의 자존심 회복과 연관된다. 영호루가 목조건물로 복원된다면 안동은 더 품격 있는 도시로 거듭날 것이다. 그 옛날, 공민왕 시절의 대도호부로서의 명성과 위엄을 회복하게 될 것이다.

안 동
문 화
100선

● ❶ ❹

안동 영호루

초판1쇄 발행 2021년 12월 17일

기 획 한국국학진흥원
글쓴이 이원걸
사 진 류종승
펴낸이 홍종화

편집·디자인 오경희·조정화·오성현·신나래
　　　　　　박선주·이효진·정성희
관리 박정대·임재필

펴낸곳 민속원
창업 홍기원
출판등록 제1990-000045호
주소 서울 마포구 토정로25길 41(대흥동 337-25)
전화 02) 804-3320, 805-3320, 806-3320(代)
팩스 02) 802-3346
이메일 minsok1@chollian.net, minsokwon@naver.com
홈페이지 www.minsokwon.com

ISBN　978-89-285-1678-0
S E T　978-89-285-1142-6　04380

ⓒ 이원걸, 2021
ⓒ 민속원, 2021, Printed in Seoul, Korea

이 책은 저작권법에 따라 보호를 받는 저작물이므로 무단전재와 복제를 금지하며,
이 책의 전부 또는 일부를 이용하려면 반드시 저작권자와 출판사의 서면동의를 받아야 합니다.